Rolf Friedrich Schuett

Wer sich selber kennt, wird nichts mehr

Hohes Alter hat jedes Alter zugleich

Rolf Friedrich Schuett

Wer sich selber kennt, wird nichts mehr

Hohes Alter hat jedes Alter zugleich

Books on Demand

FSC
www.fsc.org
MIX
Papier aus verantwortungsvollen Quellen
Paper from responsible sources
FSC® C105338

Bibliographische Information Der Deutschen Bibliothek:
Die Deutsche Bibliothek verzeichnet diese Publikation in der Deutschen Nationalbibliographie; detaillierte bibliographische Daten sind im Internet abrufbar über
http://dnb.ddb.de

Herstellung und Verlag :

BoD – Books on Demand, Norderstedt

Gedruckt auf alterungsbeständigem Papier
(holz- und säurefrei)

Umschlaggestaltung : E. L. Schmidt

Printed in Germany

ISBN 978-3-7494-8173-6

Beweis, dass Ihr Wohnort nicht existiert

Für jedes Objekt und Ereignis der Welt gibt es prinzipiell, wie Mathematiker zeigen, eine endlich große (also niemals unendlich kleine) Wahrscheinlichkeit. Also existiert auch diese endliche Wahrscheinlichkeit einer Nichtexistenz Ihres Wohnortes wirklich und wahrhaftig; jeder Mathematiker wird Ihnen das bestätigen. – Eine solche "statistische" Wahrscheinlichkeit, wenn auch noch so klein, ersetzte in der Naturwissenschaft (seit Entdeckung der Quantenmechanik) den alten Begriff der "absoluten Wahrheit", wie Ihnen jeder Physiker nun bestätigen wird. Diese statistische Wahrscheinlichkeit für die Nichtexistenz auch Ihres Wohnorts ist laut Wissenschaftstheoretiker Karl Popper nicht "verifizierbar", aber bislang auch nicht "falsifizierbar", was nach den heute anerkannten Standards geprüfter wissenschaftlicher Behauptungen ja ausreicht, um als gültig zu gelten. Es genügt, dass die reale Existenz der Stadt nicht mit hundertprozentiger (also unendlich hoher) Wahrscheinlichkeit beweisbar ist – auch nicht per Augenschein induktiv. Deren Nichtexistenz eben hat niemals die Wahrscheinlichkeit Null. Damit aber ist die Beweislast umgedreht : Sie haben zu beweisen, dass mein logischer Beweis dafür ungültig ist, dass die Nichtexistenz Ihrer Stadt nicht die Wahrscheinlichkeit Null hat.
Das jedoch ist unbeweisbar. –
Was zu beweisen war.

für Elke, Rita und Maike

Lob der Lauheit

Was assoziieren wir mit den „Lauen“, von denen niemand etwas wissen will, die jeder kennen will? Lau und nicht rau, ewig unschlüssig unentschlossen heißen sie, entschlusslos unentschieden, zag(haft)e Zauderer, nicht kalt, nicht heiß, sondern lauwarm, so lax und lasch, handzahm und lendenlahm, gedämpft und lau(tlos) dezent, leise(treterisch) lind, doch auch etwas (arg)listig duckmäuserisch, zudem behaglich verwässert, Mucker, die nicht aufmucken, immer behutsam und vorsichtig und wohltemperiert, tolerant bis zur Indifferenz und Indolenz, sacht und schwach statt wach, unwillig ungerührt letztlich, langweilig und *labberich*, widerstrebend, auch lustlos lässig und halbherzig, dünnblütig und dünnhäutig, schal und fade, ja, sanft und zart und verzärtelt, Fanatiker des Unfanatischen. „Selig sind die Sanftmütigen und Friedfertigen, denn ihrer ist das Himmelreich.“ − Kurz : Memmen und Mamakinder, Weicheier und Lauwarmduscher des Lebens, Verkrochene in ihren Schneckenhäuschen − Nietzsches *letzter Mensch*, der nur noch blinzelt und sein Lüstchen für den Tag hat und sein Lüstchen für die Nacht?
„Weil du aber lau bist und weder kalt noch warm, werde ich dich ausspeien aus meinem Munde.“ —
(Offenbarung 3 : 16) − und wirst nicht mehr genannt.

Wehner über Willy Brandt 1972: „Der Herr Bundeskanzler badet gerne lau; so in einem Schaumbad.“

Die Bibel will von den „Lauen“ nichts wissen und droht, sie vom Heil auszuschließen, Sie hatten nie eine gute Presse und sind immer pejorativ gemeint, sagen sie doch weder richtig Ja noch richtig Nein ….. Sie schütteln den Kopf und nicken gleichzeitig (ein), fleischgewordene Sowohl-als-auch-weder-nochs, die ewig Unschlüssigen neben den Entschlossenen, die genau wissen, was sie wollen, und auch wirklich wollen, was sie zu wissen glauben. Der Wankelmut der unmutigen Lauen und Flauen wirkt entmutigend auf alle, die tatkräftig zupacken und helfen wollen. Sie sind weder wahr noch falsch, weder wirklich gut noch wirklich schlecht, sondern nur so lala, mogeln sich so durch, immer auf dem breiten Trampelpfad, Meister der trägen Mitte(lmäßigkeit), die sprichwörtlichen „Spießer“, Philister und nicht mitgekommenen und mitgenommenen Bedenkenträger.

Allerdings wird selten darauf hingewiesen, dass sie in jeder Bevölkerung die absolute Mehrheit bilden und darstellen. Sie leiden und klagen, klagen aber nie leidenschaftlich an, jammern auf Sofas herum, ohne sich aufzuraffen. Sie sind nicht Fisch, nicht Fleisch, weder Für noch Wider, weder Christ noch Antichrist, sondern Manövriermasse jedes Zeitgeistes und Fahne in jedem Wind. Sie vegetieren mehr als zu leben, eingenistet zwischen Baum und Borke; ängstlich und übervorsichtig riskieren sie alles, um jede Chance wie ein Risiko zu scheuen. Sie beherrschen die Welt, da sie deren geborene Knechte sind. Laue Leute sehen verächtlich aufeinander herab und schimpfen die Lauen lau, lauer, am lausten. Laues Lüftchen in lauer Sommernacht oder wie der brave Soldat Schwejk?

Es ist Zeit, sie nicht noch zu vermehren, indem man sie ewig diskreditiert und in Strafecken der Lebensschule abstellt. Man wehrt ihnen am besten, indem man endlich einmal ihr ungewohntes Loblied singt, das ihre Resilienz-Ressourcen vielleicht besser stärkt als alle Verdummungs- und Verdammungsurteile?

Die Lauen sind das nasse Salz der Erde, sie stecken in all unseren Suppen, mit ihnen muss jede Rechnung rechnen. Demokratie heißt schließlich, den Willen der Mehrheit tun und nicht brechen. Elitäre Minderheiten allein bekämpfen die absolute Mehrheit, die ständig das erste Bürgerrecht einklagt, das Recht auf Biedermeierruhe, fast ganz ohne Ironie gesprochen, also das genaue Gegenteil durchblicken lassen durch die Art, wie es gesagt wird.

Meine Rehabilitierung der Lauen will sie aus der Eselsecke herausholen und vom Schandpfahl der Sündenböcke losbinden, um ihnen den schuldigen Toleranzrespekt zu zollen, der jedem Mitmenschen gebührt, der nicht mit der Axt auf uns losgeht, bevor man irgendwelche mehr oder weniger unbilligen Forderungen und Überforderungen an ihn richtet. Fördern ist zu fordern, denn Befördern ist Fordern.

Sie mögen unklug sein, doch die Intelligenz gilt als Naturmitgift und angeborenes Gottesgeschenk. Das berühmte „Lob der Torheit“ (1509) des Humanisten *Erasmus von Rotterdam* schließt das Lob der Lauheit mit ein. Unwissenheit schützt nicht vor Strafe, das stimmt, aber Begnadigung darf einspringen, wo das Recht oder die Gerechtigkeit übertreibt und fehlgreift.

Charisma des geborenen Phlegmatikers. Wie, wenn ein inbrünstig frommer Beter in allen anderen Dingen des Lebens lau in lau baden (gehen) würde? Wer nicht Stellung beziehen (ver)mag, wer Kierkegaards terroristisches „Enten-Eller“ durch Entzug auf sich beruhen lässt, ist eine Alternative zu allen Alternativen, ein dritter Weg weg davon, abwegiger Brems-, Holz- und Umweg, meinetwegen. Weder Entweder noch Oder ist (sch)lau, und hat den Mut zu feiger Flucht und zum Odium des Drückebergers. Diesem ewigen Flüchtling sei hier ein bescheidenes Asyl geboten, ein Schlupfwinkel, nicht sehr viel größer als so etwas wie ein poetisches Mauseloch.

Der Kieler Phänomenologe *Hermann Schmitz* hat zum Zentrum eines ganzen philosophischen Systems diese „Unentschiedenheit“ gemacht, sogar die unendlichfach unentschiedene, um der manipulierbaren Vereindeutigung der Welt zu begegnen. Der und das Laue bleibt zwiespältig, atmosphärisch ambivalent, instabil mehrdeutig und entwischt jeder Fixierung, entzieht sich kasernierenden Kategorien und allen Stereotypen, unschlüssig unentschlossen, aber auch darin inkonsequent, nicht *heute* so und *morgen* so, sondern heute *so*, morgen *so*, je nach Zufall, stets auf dem Sprung, dem springenden Punkt zu entkommen, verdünnisiert sich, wo es dicke kommt. Eigentlich ist der Laue beinahe ein praktizierender Dialektiker oder Zen-Meister, weder klar noch obskur, mal etwas treuer, mal (unzuver)lässiger, zu dumm, um etwas zu klären, ein Narr, der um des lieben Friedens willen nachgibt und gern die andere Wange hinhält, um das Böse nicht durch Widerstand noch aufzureizen …

+++

„Gleichgültigkeit, Besserwissen und Neid sind die drei Grazien, die, wie das Leben jedes Strebenden, so auch das meine begleiten … geradezu tragikomisch, mit welcher äußersten Nüchternheit solche Lebensarbeit hingenommen wird, am meisten natürlich von den Freunden. Neun von zehn lesen es überhaupt nicht; der zehnte liest es, schweigt sich aus und wartet mit seinem Urteil, bis die Kritiken gesprochen haben.“ *(Theodor Fontane, 1878)*

Neues von hier und dir und mir

Freiheit liegt an einer unendlich langen
gewichtslosen Kette, Begriffsstutzer !

Vom Mutterschoß der *Alma Mater* gleich in den
einer Kirche oder Partei : nie zu Ende geboren?

Wissenschaften sprechen von *Gegebenheiten*
(„Daten"), nicht mehr von Gottgegebenem.

Kant. Wenn (kategoriale) Verstandesformen
der Welterfahrung aus logischen Urteilsformen
stammen und raumzeitliche Anschauungsformen
aus der Geometrie (statt aus Musik oder Lyrik) und
die dialektischen Ideen vom Ganzen aus totalitären
Strukturen, dann müsste Wissenschaft vom Welt-
ganzen wieder mehr unter die *regulative* Gottesidee
zurückgestellt werden.

Weltökonomie hat schon die Überkomplexität
des Weltklimas und unvorhersagbaren Wetters.

Lieber geistreich als steinreich oder Weltreich!

Sozialwut auf Privilegien
ist kein *Sozialneid* auf Bessere.

Ergreifend : Angriffe, Zugriffe, Übergriffe, Eingriffe : Begriffe, Urteile, Schlüsse, Entschlüsse, Beschlüsse, Schlusspunkt.

Flirt : Fishing for complements.

„We never advance one step beyond ourselves.“ *(Hume)* Doch auch innerhalb meiner selbst bin ich ja immer schon außer mir bei anderem.

Kosmologie kann heute bestenfalls 5 % von allem erklären mit Einstein-All und Heisenberg-Quanten. Der Rest steht in biblischer *Genesis*.

Kirche bietet uns heute alles, was andere auch liefern, nur nicht, was nur sie zu bieten hätte.

Manches ist für Erfolg zu gut, nicht zu schlecht.

Im Kranken- und Lotterbett sind alle so gleich, wie niemand sein will, im Krieg aber so gleich, wie alle sein wollen.

Kosmologen postulieren eine so unwahrscheinlich hohe Anzahl von Zufällen, aus denen die Erde samt den Bewohnern hervorgegangen sein sollen, dass solches nicht viel wahrscheinlicher scheint, als dass Ein Gott alles gemacht hat.

Wird Gottes Existenz „existenziell“ entschieden?

Deine Aphorismen werden auch *getwittert*
oder im besten *QR-Code* nicht brillanter.

Kosmologisch scheint die Entstehung des Menschen
aus Vakuumquanten kaum wahrscheinlicher
als die Entstehung des Alls aus Gott.

So viel Zufall kann auch gleich die *Genesis* lesen.
Ist Gottes Existenz naturwissenschaftlich unwahrscheinlicher als deine Existenz selber?

Ein verbreiteter Frauentyp, den es in Frankreich z.B. kaum gibt; man sieht ihn auch heute hier viel: Kurzes Strupphaar, Hosen, Wetterjoppe, derbe Wanderschuhe, Sackkleider, no Rouge, no high heels, Kumpeltypen zum Pferdestehlen, treue Kameradenehe, kein Chic, Charme und Chichi. "Anmache" funktionell reduziert auf die Sache selbst, ohne Erotik, raffiniertere Spiele und viele Accessoires, ohne alles Drumherum, was doch das Wesentliche ist – nur "Mann und Frau und Bett" – Kurz : Das Sparta der altneuen machthungrigen Preußinnen. Asexuell protestantische "Höhere Töchter", kalt, hart und sehr "praktisch und tüchtig"

Totalitaristische A(nti)theismen haben im 20. Jahrhundert mehr Opfer gefordert als alle bekannten Religionen zusammen seit Anbeginn.

Ist etwas Wichtiges vergessen? Ein bisschen Astrologie und flachsinniger Spirit(ual)ismus, Esoterik statt Erotik, darf gern hinzukommen und spiegelt "Tiefjeistiges" statt leichtfertigen Esprit:
verträgt sich alles sehr gut miteinander.

Kompetenz : Prominenz = Evidenz : Eminenz.

Kriegerstaaten waren schon laut Aristoteles oft dominiert von ehrgeizigen Hintergrundfrauen. Nur "patriarchalische" Fassade : Die Kampfmaschinen, gegen Gatten ödipalisierte Söhne, "gebundene Delegierte" *(Helm Stierlin)* ihrer harten gedemütigten Rachemütter, wurden von denen ungerührt ins Feuer geschickt, um deren Aufträge zu erledigen. (Hans Erich Nossack hat diese Brutpflegeform auch im "preußischen Sparta" wiedergefunden.) Cherchez la femme! Fatale Sozialisationen zeugen sich fort und fort. Heutige Gesellschaften homosexualisieren sich auch eher, als dass sie Patriarchate werden.

Wir heute sind ja keine Antichristen, weil wir selber nachgedacht hätten, sondern dem "Zeitgeist" parieren, bis wir seine Ideologie für die eigene wohlerwogene Meinung halten.

Der Mensch, den es vor lauter kosmischer Unwahrscheinlichkeit gar nicht geben dürfte, existiert wirklich, wo er im Kosmos weniger wahrscheinlich ist als Ein Gott im Himmel?

Kirche gibt ihren inkompetent gutgemeinten Senf zu jedem Weltproblem, nur ihre eigenen Essentials wagt sie keinem mehr anzubieten, z.B. die Zehn Gebote, die unsterbliche Seele, Himmelshoffnungen und Höllenwarnungen. Hat der heutige Verzicht darauf mehr Kirchen geleert als der einstige Mut dazu? Politisches "Engagement" hat ihr jedenfalls nie geholfen. Alberne Konkurrenz zu Loveparades und Pop-Festivals; mit Jazz in Kirchen begann die hilflose Anbiederung. Protestanten tun sich oft hervor mit gesinnungsfestem Politkitsch.

Wer der Kirche intolerante Heidenmission vorwirft, muss auch jeder Firma vorwerfen, dass sie ihre Angebote bewirbt und dafür weltweit Reklame treibt mit allen PR-Mitteln. Gewalt wird dazu seit sehr langer Zeit nicht mehr ausgeübt. Werbung : erlaubte Verführung. Der grassierend A(nti)-theismus braucht das kaum noch, da er die offizielle akademisch abgesegnete Grunddoktrin der westlichen Welt ist, eine eingeführte Marke, die keiner Diskussion mehr bedarf. *Aufklärer* sind inzwischen Leute, die nicht mehr selber nachdenken (müssen), sondern nur noch Leerformeln nachbeten : *preaching to the saved.*

Die Schach- und Winkelzüge der Realpolitik gehören eher zur Unterhaltung, wie alles, was nur ohnmächtig zu registrieren ist, also fast der ganze Inhalt jeder Tageszeitung. Man ist schon zufrieden, wenn man da etwas zu *durchschauen* glaubt.
Und wer nie die Nachrichten verfolgt,
versäumt und vermisst nur wenig.

Neo-Hexen auf dem Blogsberg. Ein psycho-magisch-spirituell-esoterisches Schamanengeraune durchaus geschäftsschlauer Hoher "Weiser Frauen" mit allerlei kopfscheuem Astralleibgeschwurbel und menstruationsblutnächtlichen Bauchgefühlsintuitionen hinterm Mond, um viele ver(w)irrte Schwesterseelen einzufangen – oder nur böse Besen mit viel wichtigtuerischem Ratgeber- gewese, um alte antipatriarchalische Mythen neuheidnisch zu revitalisieren für heutige Zwecke? UFOs, theosophische Solargeflecht-Inspirationen ohne teuflische Ratio, Nornen weben und weben …

Normale neue Nornen setzen anomale Normen.

Armer Wurm wird Leseratte, die jedes steigende und sinkende Raumschiff   winkend verlässt.

Infotainment. Die amtierende Kanzlerin und ihr Vorgänger machten im Hintergrund eine wohltuend lautlose Biedermeierpolitik, die das erste Bürgerrecht auf Ruhe achtet. Business as usual. Ungestraft durfte ein jeder sich Wichtigerem zuwenden oder sich von Politik(darstell)ern einfach nur unterhalten lassen.

"Jahrmarktsfest in Plundersweilern", heißt es irgendwo bei Joethen. In "früher Jugend" habe ich mich gern dort rumgetrieben. *Rumgestromert,* gestreunt, getragen und auch geschoben von der Menge, schön schrill, billig und bunt. "Jubel, Trubel, Heiterkeit" mit wenig Geld. Auch Tumult. Mensch unter

Menschen sein, irgendwer und niemand, sonst gar nichts. Weg mit eitlen Titeln und trennenden Rängen. Großes richtungsloses Durcheinander. Viele rasch wechselnde Details auf engstem Raum, verwirrend und anregend. Eigentlich passiert dort ja gar nichts, aber es könnte in jeder Minute ... Wunderbare Verwandlung des Menschen in ein ganz anderes Wesen. Später im Leben kaum je wieder. Zauber war verflogen. Menschenansammlungen und -aufläufe instinktiv gemieden. Eher bedrohlich als verlockend: Massen, Klassen, Rassen, Herden, Horden, Heerscharen, Einheit, Gruppen, Gemeinschaften, Gesellschaft – alles Kollektive. Beinahe "volksfeindlich". Der Mensch beginnt beim einsamen, unverwechselbar einmaligen Einzelnen. "Verfeinerung der Klasse in ihren Individuen", schrieb mal einer. "Massenvernichtung" durch Selbstindividualisierung tut not, gerade im "gemeinen Volk". Nie wieder zurück in den "Sozialuterus", eher hinauf zu den großen Vätern! Und bitte kein „Bad in der Menge“ …

Allein noch Familie, doch nicht Keimzelle, sondern Feind der Gesellschaft, Familie, aber richtig, und vertiefte Kontakte von Individuum zu Individuum, unter vier, höchstens acht Augen.

Wäre die *M-Theorie* mit derselben Wahrscheinlichkeit wahr, mit der ihre Schöpfer existieren, hätte sie in der Wissenschaft gar keine Chance.

Wissenschaft als professionelles *Debugging* simuliert nicht, dass sie keine Simulation ist und dissimuliert sich immer neu als Wissenssimulant.

Aufregung stört Distanz, Objektivität, Übersicht
und fördert neue Einfälle, oft unbrauchbar.

Erhabener Löwe, ruhmreicher Wolf, Raphael,
HErr heilt ... Macht Non-Nonsens schon Sinn?

Aufklärer feiern ihre Freiheit zum Bösen,
die ihren Schöpfer doch freispricht.

Wer nicht glaubt an etwas, das existiert,
glaubt eher an das, was nicht existiert.

Nach dem klaren *Hume* gibt es auch
keine Aufklärung über Aufklärer.

Fürchtet, ein anderes Leben
wäre ein besseres geworden!

Am Industrialismus beklagt man, was er der grünen
Natur, und weniger, was er der menschlichen Natur
(von Naturbearbeitern) antut.

Im Raketenhimmel ist die Gottheit so wenig
zu finden wie im Forscherhirn die Freiheit.

Deine Existenz aus Evolution ist viel unwahr-
scheinlicher als Gottes Existenz aus Glauben.

Geschöpfliches Denken ist *Nachdenken* des vom Schöpfer längst Vorgedachten und -gemachten.

Demokratie : offener als Geheimdiplomatie
und politisch korrekter als Populismus :
König und Volksnarr tauschen dauernd die Plätze.

Quantenwunder. Naturgesetze sind eingehalten,
wo sie statistisch durchbrochen werden.

Sidekick. Wie erhält sich der Kosmos ständig
gegen die Chaos-Entropie?

Kirchen bekämpften ihre Verweltlichung
irgendwann auch in den Wissenschaften.

Am anstrengendsten ist es, sich nicht anzustrengen,
und am aufregendsten, gelassen zu bleiben.

Gespielte Authentizität ist echte Täuschung :
Wer Echtheit fordert, fördert echt gute Mimen.

X minus X ist die Zahl, durch die X zu teilen ist,
um Unendlichkeit zu erreichen.

Meist bereut man weniger seine Untaten
als sein Versagen dabei.

Selbstindividualisierung ist leicht
zu verwechseln mit Narzissmus und Egoismus.

Das Nichts ist erreicht, wenn etwas unendlich
oft geteilt wird, doch was wird erschaffen, wo
das Nichts nur unendlich oft verdoppelt wird?

Was man nur mit eigenen Augen sieht,
darf man niemals glauben.

Sind Mutige zu feige zur Feigheit, ist nur Mut
zur Feigheit kühn genug, beizeiten zu fliehen.

Genusssucht will das Hungern loswerden,
Askese will Appetit machen.

Gödels Beweis. Aus dem Begriff von Gott folgt
logisch Seine logische Existenz in der Logik.

Geist ohne Witz belehrt nicht, Esprit ohne Geist
ernährt nicht, doch den meisten fehlt beides.

Pariser Esprit sucht Einfall, Berliner Geist sucht
Einsicht. Können nicht auch Einfälle manches
einsehen und Einsichten manchem einfallen?

Warum ist Witz oft so geistreich
wie der Geist eher witzlos?

Der Beweis, dass es in der Logik keinen Widerspruch gibt, ist widersprüchlich. Die Beweisbarkeit aller logischen Wahrheiten ist unbeweisbar.

Sprache : Lauter (Un)Sinn in sinnlichen Lauten und mündige Einsicht in sichtbarer Schrift.

Metaphysik nur metaphorische Physis und Kunst nur ausgedachtes Gefühl in gefühlten Gedanken?

Weisheit: Witz am Unwissen, Intellekt im Affekt
Zieh dich aus gesellschaftlichen Verwicklungen nicht heraus, um darüber lebenslang nachzudenken, sondern um etwas ganz anderes zu tun.

Verwende sie anders, verschwende deine Zeit nicht mit Vorleben und Nachdenken darüber.

Nichtidentisch? Adorno machte nichts anderes, als zeitlebens übers Immerselbe nachzudenken.

Der Chor im Trauerspiel mimt „Volkes Stimme, Gottes Stimme“ : Man stimmt in den Chor(al) ein oder verstimmt ihn bestimmt.

Einst Christ à la Platon bei Augustinus und Christ à la Aristoteles bei Thomas, dann Christus reformiert à la Hegel, dann à la Heidegger bei Bultmann und Rahner, nun à la Wittgenstein oder Luhmann?

„Rotbarth“ : Eher verweltlicht Sakrales,
als dass Profanes sich heiligt.

Wer keine politökonomische Macht hat,
versucht es mit philosophischer oder literarischer.

Willst du Schlechtes weghaben, lob es zu Tode!

Eine Leere schreibt besser als ein Talent.

Macht aus Brot und Tod, aus Jugend und Tugend
eine Not, die Gebot kennt u. erfinderisch macht!

Bedroht der fehlende Friedensvertrag
mit den Siegern die Nation oder Europa?

Kirche verkündigt, dass Christus ihr nie kündigt.

Sex und Moral : Personennahverkehrsregeln.

Neue Antithesen belehren und bekehren gut.

Mein Wort will keine Leser verletzen,
sondern nur ihr dickes Fell zeigen.

Ist laut dem Kosmologen *Max Tegmark* das All nur pure Mathematik, also letztlich nichts als eine rein logische Struktur, die uns nur aus unserem perspektivischen Ort darin kompakt materiell erscheint, dann genügt es, die mögliche Notwendigkeit (und notwendige Möglichkeit) eines *ens perfectissimum* formallogisch herzuleiten, um Seine Existenz im logischen Raum zu beweisen, als Gedanke des Schöpfers *vor* der Schöpfung. Er beweist sich selbst im Kopf seine eigene Existenz, bevor Er die Welt im Ganzen erschafft, in der Er so real existiert wie außerhalb in reiner Logik, ob es nun *Paralleluniversen* in einem *Multiversum* gibt oder nicht.

+++

Phänomenologie des Geistreichen

Auch ein Weg zum EinSpruch

Seit ich zusammenhängende Texte zu lesen gelernt habe, hatte ich ein Vergnügen daran, mir aus diesen kohärenten Texten einzelne Sätze herauszuschreiben, die aus irgendwelchen Gründen mir besonders bemerkenswert erschienen, Sätze, deren jeder auch auf eigenen Füßen stehen konnte und nicht nur in seinem Kontext sinnvoll war. Je älter ich nun wurde, desto raffinierter wurden diese vielen Exzerptsätze. Irgendwann hatte ich so etwas wie eine Anthologie beisammen vom Umfang eines Buches ganz aus interessanten Bücherzitaten.

Ich entdeckte, dass in vielen Büchern Sätze stehen, die unter Bergen von Sprachschutt hervorleuchten wie Goldkörnchen, die herauszuwaschen sind und erst dadurch ihren wahren Wert gewinnen. Schon der Gymnasiast unterschied zwischen Büchern, die auffallend viele oder auffällig wenige solcher Solitäre und Singularitäten enthalten. Besonders aus den Essays ließen sich sprachliche Orchideen herauspflücken, die gar keinen Schaden dadurch erlitten. Irgendwann begann in der Schulzeit der Jagdeifer auf solches Wild. Das mussten keine ausnehmend gelungenen Aphorismen aus Aphorismenbänden sein; Essays waren oft trächtiger. Jedoch Aphorismenbände sollten eigentlich die höchste Volltrefferquote auf engstem Raum haben, hatten sie leider aber allzu häufig nicht.

Meine frühe Entdeckung : Explizite Aphorismen, die von ihren Autoren auch ganz so gedacht waren, sind leider oft belangloser als so manche originellen Buchzitate, die niemals als Aphorismen konzipiert wurden, sich aber leicht aus Buchzusammenhängen herauslösen lassen, ohne viel zu verlieren. Im Gegenteil wären sie innerhalb des Buches schneller vergessen oder überlesen worden. Bei mir siegte die Leserintention ganz über die apho-essentielle *Autorintention* der (str)engeren Literaturwissenschaft.

In unzähligen Werken schlummern für mich köstliche Einzelsätze, die von Autoren nie als Aphorismen gemeint waren, aber von Lesern bequem dazu gemacht werden können : durch den bloßen Zauberakt der Exzerpte. Viele Zitatsammlungen aus der griechischen oder lateinischen Antike waren gedankenreicher als manche neuzeitlichen Aphorismenbände, fand ich. Und das entschied. Originelle Ideen in sprachlicher Brillanz, kondensiert auf den Umfang eines bis höchstens dreier Sätze, waren für mich von früh auf gute Aphorismen, doch allzu viele *echte* Aphorismen genügten umgekehrt nicht dieser Definition. Diese Sätze folgten in eigenen „Blütenlesen" *auf*einander, doch nicht *aus*einander.

Jeder konnte auch für sich stehen und verblüffte mich durch eine hinreißende Ausdrucksweise und/oder einen originellen Gedanken. Sie hatten alle nur gemeinsam, dass sie mir „geistreich" vorkamen, und das änderte sich gelegentlich mit dem Lebensalter : kurz und bündig, kompakt und gedrungen wie lateinische Sentenzen, prägnant pointiert, tief oder satirisch, witzig oder rätselhaft. – Jeder Gedanke brauchte nur einen einzigen Satz, nicht mehr einen ganzen Absatz oder gar Aufsatz.

Der Student merkte bald, dass nicht schwerfällige Deutsche, sondern leichtfüßige Franzosen die frühen Meister dieses Stils waren. Das *Bonmot*, nun mit oder ohne Kontextsituation, war ihre Domäne, der sprachgewordene Pariser Esprit, nicht der tiefe deutsche Geist. Mir blieb gleichgültig, ob ein Autor Aphorismen schreiben wollte oder nicht. Ich nenne schon ausreichend geistvolle Einzelsätze so, sprachliche Solisten, originell in der Sache oder Sprache, auch und gerade aus Essays geklaubte Goldzitate. Die französischen Moralisten des 17. Jahrhunderts schienen mir auf die französischen Aufklärer des 18. Jahrhunderts ja bereits hinzusteuern : Deutete der spitze Salonkritiker Larochefoucauld nicht schon auf den Revolutionssarkastiker Chamfort voraus, der für die *romantische Ironie* entdeckt wurde von einem systemfeindlichen Bruchstückeschreiber wie Schlegel, der seinerseits einen Hegel gegen sich auf den Plan rief, einen philosophischen Riesen, der die Fragmente der frühromantischen Nachsokratiker durch dialektische Überbietung entschärfen wollte, indem er die ganze moralistische *Aufklärung* mit ihren unplatonischen Ideen in einen systematischen *Idealismus* „aufhob“ : rettete, widerlegte und zugleich systematisierte. Der Ausgang des Kampfes zwischen den aphoristischen Davids und den systematischen Goliaths scheint mir offen bis heute.

(Nebenbei : Die populäre Systemfeindschaft gehört fast zur Definition des Aphorismus, aber vor einem zehnbändigen *System der Philosophie* des Phänomenologen Hermann Schmitz verkommen doch viele Aphorismen zu nur albernem Zwergengefuchtel.)

Den genuinen Aphorismus, den Feind aller Systeme, habe ich für mich nicht entdeckt, indem ich erklärte Aphoristiker las, sondern im Gegenteil einen der größten Systematiker, in einem Universitätsseminar.

Ich las Hegel und notierte mir da unzählige Selbstwider-Sprüche aus seinen Schriften. Er verstand alles und jedes in der Welt nur von einem geistigen Bezugssystem her und fühlte sich von aphoristischer Fragmentalität und *„frühromantischer Ironie"* der Schlegel und Novalis zutiefst irritiert und herausgefordert. Er denunzierte sie als frivole Spielzeuge, hypersubjektiv, eitel, bösartig, wichtigtuerisch, nicht Fisch, nicht Fleisch. Hegel erkannte, dass die Neuzeit das Recht auf emanzipierte Subjektivität zu Recht verteidigte und dass man sie nicht einfach durch substantiellere Traditionen wieder beseitigen könne. Sein System ist eine Hierarchie dialektischer Paradoxe, ein „Universalwitz" von sinnigen Witzen, deren ernster Sinn permanent ineinandergleitet.

Ich sah ihn die romantische Subjektivität der Kunst und die griechische Objektivität der Wissenschaft verbinden, um das Beste aus Tradition und Neuzeit zu retten. Ein gewaltiges Projekt, wie mir schien, und er tat es unüberbietbar. So wurde er geistreicher als die aufgeklärten Franzosen und ihre deutsch-romantischen Lehrlinge. Nietzsche hielt Hegel für den geistreichsten unter den Schriftstellern, die auf keinen Fall geistreich sein wollten. Kurz : Hegel erfand in meinen Augen seine Dialektik (wieder), um die aphoristischen „Brennnesseln“ wie Schlegel und Novalis durch Überholung zu neutralisieren. Dialektik wie Aphoristik suchen die „Einheit der Widersprüche“, die mystische „Verbindung von Verbindung und Trennung“. Adorno hat dann im 20. Jahrhundert diese systemsprengenden Aphorismen aus Hegels vermeintlichem „Zwangssystem“ wieder befreit – mit Hilfe des spätromantisch frankophilen Aphoristikers und Moralisten Nietzsche.

Der Physiker Lichtenberg hatte in diesem geistesgeschichtlichen Szenario das Verdienst, die französische Aufklärung auch ins Deutsche zu übersetzen und philosophische Lebensweisheit über Naturwissenschaft hinaus als guten Witz an der Ursache zu verstehen, indem er wissenschaftliche Hypothesen als Esprit verstand, als plötzliche Einsicht in bisher übersehene Ähnlichkeiten zwischen unvereinbarsten Sachverhalten. Dafür gibt es keine übertragbare Methode, sondern nur intuitives Naturtalent, also gewitzte Einbildungskraft plus rationaler Urteilskraft in ausgeklügelten Gedankenexperimenten.

Für mich war der Aphorismus von Anfang an keine randständige Literaturgattung, sondern spätestens um 1800 ins Zentrum der Geistesgeschichte gerückt – ausgerechnet durch den Supersystematiker Hegel, der deutsche Reformation, französische Aufklärung und Französische Revolution als gutes Recht auf emanzipierte Subjektivität verteidigte, aber die allem Objektiven wie Affektiven „entfremdete Subjektivität“ des erzmodernen, ironisch schwebenden *Individualismus* dann durch höchst paradoxale Reintegration systematisch bekämpfte.

Als Schlegel seinen Chamfort entdeckte, entdeckte Hegel diesen Schlegel und schuf seine idealistische Dialektik über Kants „kopernikanische Wende“ hinaus, die Gerhard Neumann in seinen „Ideenparadiesen“ (1976) zum Startschuss einer transzendental deutschen Moralistik erklärt hat. Hegel wollte die aphoristische Höllenmaschine ja nicht entfernen, sondern sie zum dialektischen Motor des Erkenntnisfortschritts erheben: Aphorismen als missachtete, aber notwendige Arbeitssklaven des Weltgeistes? Nur das war für mich eines der Hauptmotive seines Idealismus. „Tiefer Geist“ schluckt leeren Esprit? Hegel pries als Fortschritt die ganz „entfremdete Bildung“ der Aufklärung, das „geistige Tierreich“ ihres „zerreißenden Sprechens“, die französischen Bonmots gegen alles und jeden, gegen alle substanzielle Tradition. Er verteidigte „unendliches Recht der zweifelhaften Subjektivität“, aber gegens nur „eitle Individuum“ der *romantischen Selbstironie*. Die unsystematische Aphoristik aus diesem systematischen Sklavendienst für Gesellschaftssysteme zu befreien, war für mich eines der Hauptmotive von Adornos Philosophie der „negativen Dialektik“, der „Kritischen Theorie“ seiner „Minima Moralia“.

Noch Wittgenstein lernte von Karl Kraus seine atomistischen „Elementarsätze“. Eine marginalisierte Literaturgattung wurde zum philosophischen Treibsatz und zur „Phänomenologie des Geistreichen“.

Das wurde zum Initialzünder für meine Beschäftigung mit dem Aphorismus, als Leser wie als Autor. Dialektik ist Hegels Versuch, die Einseitigkeiten eines wissenschaftlichem Objektivismus und frühromantischem Subjektivismus zu überwinden, die in seiner Dialektik eine hochspannungsreich fruchtbare Synthese eingehen sollten. Ich verstand immer den Aphorismus als philosophischen Gehalt in poetischer Gestalt, als Gegensatz-Einheit von existenziellem *Bild* (à la Kafka) und essenziellem *Begriff* (à la Kraus), vielleicht bei Lichtenberg und Nietzsche modellhaft erreicht. Das geht für mich weit hinaus über den Feuilletonaphorismus, der zwischen nur seichten Gesinnungssprüchen und windigen Wortspielwitzeleien bis heute oszilliert.

Ich versuchte zu zeigen, wie wenig peripher der Aphorismus für die Geistesgeschichte (wie für mich) einmal gewesen ist. Um 1800 herum gewann die deutschsprachige Philosophie zwischen Kant und Hegel die Weltmeisterschaft, und der unscheinbar kleine Aphorismus spielte dabei eine zentrale Rolle als geistiger Katalysator und lebenswichtiges Spurenelement. Dieser Höhepunkt wurde weltweit seither nie wieder erreicht.

Im Land der uneleganten Waldschrate

„In des Waldes finstern Gründen …"

Zur Einstimmung in ein so stimmungsvolles Thema hier erst einmal einige stimmige „Stimmen der Völker" :

„Der Wald ist die Urheimat der Barbarei
und der Feind des Pfluges, also der Kultur."
(August Strindberg)

„Der Stiel der Axt kehrt sich oft gegen den Wald,
aus dem er kommt." *(Ahiquar, 8. Jh. v. Chr.)*

„Holz in den Wald zu tragen ist töricht."
(Lateinisches Sprichwort)

„Für die Laus ist ein Bart schon ein großer Wald."
(China)

„Manche gehen in den Wald
und sehen nirgendwo Holz." *(Mongolei)*

„Ein Baum, den man fällt, macht mehr Krach
als ein Wald, der wächst." *(Tibet)*

„Ein gelehrter Bär kommt im Wald nicht weit."
(dt. Sprichwort)

„In einer Gegend, in der Waldfrevel nicht
vorkommt, hat der Wald keinen Wert."
(Marie von Ebner-Eschenbach.)

„Rettet den Wald, esst mehr Biber!" *(Anonymus)*

„Die vielen Bäume und die wenigen Menschen – die machen den Wald so schön.“ *(Otto Weiß)*

„Phantasie hat ein Recht, im Schatten des Baumes zu schwelgen, aus dem sie einen Wald macht.“ *(Karl Kraus)*

„Deine Seele ist ein dunkler Wald. Aber die Bäume sind von besonderer Art : Stammbäume.“ *(Marcel Proust)*

„Wir halten den Wald für etwas, das Waldwege umgibt.“ *(Michael Richter)*

„Es schallt selten aus dem Wald heraus, was man hineinwirft.“ *(Oliver Tietze)*

„Wie man in den Wald hineinschweigt, so horcht es heraus.“ *(Peter Horton)*

„Je tiefer man sich im Wald verirrt, umso inniger liebt man seinen Nächsten.“ *(Arthur Feldmann)*

„Wo der Wald endet, beginnt der Wald.“ *(E. H. Bellermann)*

Wald ist eine ausgedehntere Pflanzenformation, in der heute mehr Tiere als Leute leben und angeblich ökologischer Friede herrscht, solange menschliche Fett- und Wurstfinger dort nicht eingreifen. “Man sieht vor lauter toten Bäumen den Wald nicht mehr“, aktualisierte Ulrich Urckenbrecht seinen Musarion-Wieland. Heute sieht man eher die analysierbaren Bestandteile nicht mehr vor lauter ganzheitlichem Geschwafel. Manche sehen bis heut vor entlaubtem Wald nicht mehr die Bäume der Erkenntnis und den altdeutschen Wald vor lauter Aufbäumen gegen seine Todfeinde nicht mehr.

Hierzulande gehen erwachsene Eingeborene in die *Waldschule* und meditieren mit waldeinsamen Tieren. Aber „Deutschlands größter Wald ist der Papierdschungel“ (Köditz) aus Büchern gegen sein Sterben. Seit Jahrzehnten stirbt der einheimische Wald unaufhaltsam, klagen Grüngurus. Wenn der Umweltreport 2000 des *Club of Rome* wahr wäre, müsste er längst unter der Erde sein.

Bei keinem anderen Volk hatte er je einen tieferen Gemütswert als hierzuvaterlande, ganz unabhängig vom forstwissenschaftlichen Gesichtspunkt und Jägerlatein. Der Wald ist nirgends grüner und finsterer, unergründlich tiefer und geheimnisvoller, ein Lieblingsort der Verirrten, der Verwirrten und Verworrenen, der Zweifler und Unentschiedenen, ein Versteck für flüchtige Gutmenschen wie Bösewichte, ein Eldorado der Wilderer und schießwütigen Waidmannsheiler, ein Tummelplatz der Kobolde, der Wurzelzwerge und Lokalgeister, der nächtlichen Tanz-Elfen, Faunjäger und Wunschfeen auf mondbeglänzten Zauberlichtungen, Schreckensort wilder Untiere und heilsam gefährlicher Hexen-kräuter. Aus dem germanischen Urwald wurde inzwischen eine zahme Kulturlandschaft, die aber noch immer den Urwelttraum derer hervorbringt, die von der anstrengenden Kulturzumutung überfordert sein wollen.

Gepflegte Waldwege endeten früher mal urplötzlich in der Unwegsamkeit von Unterholz und ausweglosen A-porien, heute nur bei Ruhebänken mit Stifternamen. Der Wald ist etwas, das in armen Ländern abgeholzt und abgefackelt wird, um bösen Heroin-Mohn anzubauen, in reichen Ländern aber ein Sehnsuchtsort aller schwärmerisch Entwurzelten und unkultivierten Waldschrate.

Ich ging im Walde so vor mich hin, und Sinn zu suchen, das war mein Sinn, raunt der neu-progressive Naturfex.

Wer heute durch den schönen grünen Wald latscht, weiß gewöhnlich nicht, wem der gehört. Neben einigen Staatsforsten gibt es auch nach allen Revolutionen und Weltkriegen noch immer *Waldbarone*, die von saurem Regen entlaubte Wald- und Wiesenbäume mit beantragten Steuergeldern durch teure Übersee-Edelhölzer ersetzen dürfen.

„Der Wald hat Ohren, das Feld Augen“. Die Vormenschen bis zu unseren Vorfahren hockten in lichtdichten Wäldern auf den Bäumen, ehe sie den aufrechten Gang in die sichtfreie Steppensavanne voller gefährlich nahrhafter Großtiere wagten. Der unbewirtschaftete Urwald war ein lichtscheu labyrintisches Großgestrüpp, das Schlachtfeld der Unübersichtlichkeit und ein einziger Abgrund eines chaotischen Durcheinanders. Aus ihren Wäldern heraus wehrten sich Frei-Germanen bis ganz zuletzt gegen das römische Reich und (bis heute gültige) römische Recht und gegen die römische Kirche danach.

Heute ist der Wald zugleich ökonomisch bewirtschafteter Nutzholzlieferant und Erholungsinsel für feinstaubverklebte Stadtlungen. Die Stadt ist bevorzugter Arbeitsplatz und Vergnügungsort, der Wald aber unser nie entmythologisierbarer Sehnsuchtsort. Und nachtdunkler Tann versorgt uns mit alljährlichen Weihnachtsbäumen. Von drauß´ vom Walde komm ich her, bring euch neue alte Mär …

Der hiesige Wald gilt als kollektiviertes Wunschbild gesellschaftlichen Zusammenlebens und Zusammenstehens, jedermann ein Baum von Kerl, der vorm Förster strammsteht wie eine Eins, nicht zu nah am Nächsten und nicht zu fern vom Nachbarn, so dass sie einander nicht Himmelslicht und Bodenhaftung wegnehmen, hochaufragend in lichten Äther und tief verwurzelt im dunklen Erdreich. Der denaturierte Betonwüstenbewohner erlebt dort „hautnah“ noch naturbelassene Pflanzen und Tiere, astreine Luft und vogelzwitschernde Grabesstille.

Nun ruhen alle Wälder, nur nicht ihre Feuermelder.

Das wirre Waldesrauschen macht unsere Alt-Na(t)iven süchtiger als Meeresrauschen, fern von Stadtstickluft und Landwirtschaftsgedröhn. Die Romantik hatte ihn zu Beginn des dreckigen Industriezeitalters wiederentdeckt und unheilvoll aufgeladen als Allheilmittel und mythische Wunderwaffe gegen die Kollateralschäden der damals brandneuen Maschinenzivilisation. Auf Bestsellerlisten schaffen es bis heute wieder Titel wie „Gebrauchsanleitung für den Wald“, „Vom geheimen Leben der Bäume“ und „Privatwald optimal bewirtschaften“.

Die *Grüne Front* marschiert?

Ist der alte Wald noch ein letzter rechtsfreier Schutzraum für Helden oder Räuber, Menschenjäger und Gejagte, Flüchtlinge und Verfolger, wie noch im Dreißigjährigen Krieg?

Der Wald : Das Unsicherste in freier Wildnatur ward im Krieg zum Sichersten vor der Gesellschaft.

Britannia rules the waves, Marianne logiert in der eleganten *ville de lumière,* und Wotan haust in den Wäldern der joggenden Freiluft-Schrate, wo sich Rehlein und Uhu gute Nacht sagen.

„Waldesrauschen, Waldeslust,
bunte Märchenträume,
oh, wie labt ihr meine Brust,
lockt ihr meine Reime!“

„Leichte Sprache"

Reformierte Verwaltungssprache oder unnuancierte Stummelsprache light?

Bald wird es nur noch Behinderte mit Schrumpfdeutsch geben. Die Migranten sprechen inzwischen schon *elaborierter* als Einheimische.

Viele kurze Sätze ohne Fremdwörter bringen hierzulande nicht geistreiche Bonmots, sondern eher militärische Kommandosprache ohne viel differenzierte Reflexion, steht zu befürchten. Sind "schreckliche Vereinfacher" nicht einfach nur schlaudumme Volksverdummer?

Wer es uns nicht unnötig schwer machen will, macht es uns meist nur unnötig leicht. Kurzum: Mehr Schlangensätze à la Proust und weniger Reklameslogans! Einfaches wird heute nicht unnötig häufig verkompliziert, sondern Komplexes schlicht versimpelt. Der Wortschatz schrumpft, elliptische Satzkonstruktionen werden primitiver, und was da ohnehin sich verschlimmert, muss doch nicht auch noch propagiert und mit gutem Gewissen versehen werden. Die Gefahr, dass gehobene Literatursprache einmal zur Umgangssprache wird, ist zu verschwindend gering, um wohl jemals zu drohen. Umgekehrt wird ein Schuh daraus.

Wer als Autor den Anspruch an die Sprache senkt, um seine Verkaufszahlen zu heben, landet schnell beim Trash und Schund der modernen Bestseller, also bei vulgärer Regression. Der kitschige Hesse ist sicher keine Alternative zum snobistischen Proust. Und auf Anglizismen mag ich leichter verzichten als auf lateinisch-griechische Fremdwörter. "Gesichtserker" statt der "Nase" wie bei den barocken Sprachreinigern will ja niemand.

Goethe und Shakespeare waren rare Ausnahmen, die meine Faustregel nur bestätigen. Kompromisse, die mancher anzielt, werden da leicht faule. Man muss sein Publikum anspruchsvoller machen und darf ihm nicht geben, was es will. Intransigenz scheint besser als "regressive Toleranz" gegen leichtkonsumierbar allbeliebte Kulturkonfektionsware, gegen bequem "kulinarische Kunst".

Anders ist es mit industrie-technischen Fortschritten, den man dagegenstellt; sie sind stets ambivalent, und ob das gesamte Industriezeitalter nicht inzwischen schon jedem weit über den Kopf wächst, ist noch gar nicht wirklich bedacht. So kritisch wie der Kapitalismus sollte vielleicht eher der gut zu ihm passende Industrialismus selbst betrachtet werden, ohne nun zum feudalen Landleben oder zum Sozialismus zurückzuwollen.

Schon Goethe sah die (zu seiner Zeit recht bescheidenen) "Fazilitäten des modernen Lebens" eher kritisch in Bezug auf unser aller Niveau.

Nichts gegen Occams scharfes Rasiermesser, aber die Kunst besteht darin, das Komplexe zu vereinfachen, ohne es zu verkürzen, zu trivialisieren und zu vulgarisieren. Dagegen Banales akademisch aufzuputzen, um Dürftigkeit zu verstecken, spielt für die Allgemeinheit wohl die geringere Rolle.

Es kommt der Kunst nicht darauf an, Probleme zu lösen, sondern sozial angebotene Lösungen immer problematischer zu machen, ad absurdum zu führen, alles Selbstverständliche immer rätselhafter zu sehen. Gelungene Kunstwerke sind mysteriöse Rätsel, die paradoxe Gründe für ihre Unlösbarkeit zeigen. Moderne Lyrik, die etwas taugt, ist die radikalste künstlerische Negation der Bürgerlichkeit. Und seit der Romantik ist enigmatisch gekonnte Unverständlichkeit ein legitimes Stilmittel der Irritation, doch das ist kein Freibrief für jedes wirre Zeug.

Ausnahmen bestätigen die Regel, dass Rabenvater Staat nur Kunst und Kultur fördert, die ihn fördern und deshalb wenig taugen. Sozialstaatliche Förderung ist schon ein vernichtendes Urteil über die so geförderte "Kunst". Diese hört durch finanzielle Förderung auf, seriöse Kunst zu sein, und wird allzu leicht Propaganda und Zier-Ideologie.

Aber damit nun kein Missverständnis entsteht : Was unsubventioniert bleibt, muss deshalb noch keinen qualitativen Wert haben. Verkanntes ist allein deshalb noch nicht gut, weil es unbekannt bleibt und vielleicht zu Recht übersehen wird.

Mutter Sozialstaat ist ein Segen, der den Obrigkeitsstaat vor allem Aufruhr bewahrt und bewahrte, aber K(unst) & K(ultur) gehören nicht zum sozialstaatlichen Auffangnetz für Ungeschickte, invalide Stiefkinder der Natur und tragische Pechvögel. Seit wann sind Künstler geistig Behinderte?

Ein Schuh wird aus dieser Absage an alle staatliche ***und*** gesellschaftliche Subventionierung "geistigen Eigentums" erst dann, wenn sie sich ausweitet zu einem Plädoyer für *proletarische Künstler und Intellektuelle,* eine unabsehbar dringliche Utopie, die notgedrungen eher essayistisch als akademisch und (schon aus finanziellen Gründen) nur als eine Art von "Minimal Art" daherkommen kann. Eine solche *„K-&-K-von-unten"* möge nun nicht ausgerechnet "politisch engagiert" sein, auch nicht "volkstümlich" (vulgär") und kollektiv(ierbar), denn dann wäre sie von oben leicht berechenbar und kontrollierbar.

Das degagierte proletarische Unikum kreiert seine so gut wie unverkäuflichen Unikate. Staatliche oder gesellschaftliche und sozialstaatliche Förderungen würden eine solch wünschenswerte "Verfeinerung der Masse in ihren Individuen" (F. Pech) gerade verhindern. Aber mit solchen *prekären Individuen,* die nicht mehr mit Bierdosen und Online-Pornos vor Fernsehern verblöden, könnte man ***es*** nicht mehr machen, weil sie ***es*** nicht mehr mit sich machen ließen. Und solche "Maschinenstürmer" wären für den hochindustriellen Produktionsprozess fast schon verdorben und schon die soziale, nicht nur kulturelle Revolution selber, ohne nun sozialistisch zu denken.

Wer heute Preise gewinnt mit seinen geistigen Kreationen, hat sich schon disqualifiziert und einkaufen lassen, und das sage niemand, der ohnehin nie Gefahr laufen wird, ein Preisgeld ablehnen zu dürfen, das ihm nie zugesprochen würde. Zu hoch hängende Trauben sollen nicht zu sauer geschimpft werden, doch Verkaufszahlen, korrumpierende Fördermittel und Preisgelder sprächen schon gegen solche „Kulturschaffenden" von ganz unten. Diese hätten einen schier unendlichen geistigen Nachholbedarf, auch einen Bedarf nach geistigem Nachholbedürfnis, und ihre geistigen wie künstlerischen Hervorbringungen wären ebenso unendlich fragil.

Die vielen Herrschenden in aller Welt fürchteten und fürchten solche (noch kaum existierenden) *proletarischen Individuen und intellektuellen working poors*, aber eben nicht die (manipulierbaren) Massen und unterwanderbar kollektiven "Bewegungen".

Laut Sigmund Freud erfüllt sich ein Wunsch nur im Tag- und Nachttraum und liegt so etwas wie Glück nicht in der Bestimmung unserer Natur. Ein Wunsch sei lediglich die subjektive Art, wie wir erleben, von Trieben getrieben zu sein oder laut Karl Marx von Betrieben, aber die Ökonomie ist eben nicht unser Schicksal, sondern nur unsere Ungeschicklichkeit und unser Aberglaube.

Jugend- und Alterslektüren

Im fortgeschrittenen Alter bleibt von den jemals gelesenen literarischen Werken oft nur noch so etwas wie ein Aroma übrig, ein atmosphärischer Duft, der fast verduften will. Sollte selbst ein Satz daraus haften geblieben sein, muss er bei der Lektüre besonders beindruckt haben, aber nicht notwendig aus überwältigender Qualität, sondern aus nur zufälligen Lebensumständen, in denen er aufgenommen worden war. Er fiel gerade in eine passende Stimmung, die nächstens schon wieder vorbei war, so dass man sich beim späteren Wiederlesen einer Passage verwundert fragt, was einem daran einmal aufgestoßen sein mag.

Bleibt etwas anderes als eine gewisse bloße Aura, wenn überhaupt, im gealterten Kopf übrig von all den zeitlebens gelesenen Romanen, Geschichten, Schauspielen und Gedichten? Was wird er davon noch einmal wiederlesen wollen und ihn dann noch genauso begeistern, erschrecken oder anöden wie den Jüngeren, der er einmal war?

Wer genauer wissen will, ob und wie er sich im Laufe seines Lebens verändert haben mag, könnte einige Favoriten seiner Jugendzeit sich noch einmal vornehmen. Die meisten Seiten daraus werden ödes Blätterrascheln geworden sein, ohne Nachklänge.

Den **Sartre**, der schon den Gymnasiasten so in Bann geschlagen hatte und den er gegen den verachteten Goethe-Schiller seines Deutschlehrers glühend verteidigt hatte, liest der Graukopf heute, las schon der Dreißigjährige ganz anders. Aus dem harten französischen Realisten war unversehens ein schwarzer Romantiker geworden. „Das Sein und das Nichts", aus dem ein Max Horkheimer nur das mechanische Stampfen von verdinglichten Begriffskolben herausgehört hatte, übt noch immer den alten Zauber auf mich Alten aus, aber der unverwechselbare Stil der Ideendramen und Ideenromane zeugt mir nicht mehr von bezwingender Lebensnähe, sondern im Gegenteil von blumiger Sentimentalität, ein furioses Feuerwerk eher von französischer Rhetorik als von philosophischer Tiefe. – „Die Fliegen" deklamieren „oberlehrerhaft" (G. Benn), „Kean" deklamiert oratorisch, und der blendende Effekt überwuchert den fraglicher gewordenen Wahrheitsgehalt. Immerhin genügt der hinreißende sprachliche Faltenwurf noch immer wie vor einem halben Jahrhundert, um die rélecture zu erleichtern, wenn auch aus etwas veränderten Gründen. Beauvoirs mehrbändige Memoiren und ihre „Zeremonie des Abschieds" bewahren dem gerührten Alten etwas von seiner herznaiven Jugendbegeisterung für „Poulou" und „Pollux", letztlich vielleicht auch nur zwei hochintelligente Wirrköpfe.

Der Philosoph *Sartre* überzeugte bereits ein Jahrzehnt später sehr viel weniger als z.B. ein **Adorno**. Dieser übrigens blieb einer der wenigen Denker, die als Gesamtkunstwerk heute noch genauso faszinieren wie den Zwanzigjährigen, der ich einmal war – trotz aller inzwischen dazugekommenen Kritikpunkte und Zweifel. Sein Stilritual übt und übte einen ähnlichen Zauber auf mich aus wie Sartres geschliffene Rhetorik oder *Blumenbergs* phänomenologische Pirouetten und Florettschritte.

Den Phänomenologen Hermann **Schmitz** hatte der Frischmaturierte in Kiel gehört und schätzen gelernt bis heute. Ein jahrelanger Briefwechsel in späteren Jahren frischte die Jugendeindrücke auf und vertiefte sie bleibend. Ein Großteil seines leibhaftig affektphilosophischen Werkes steht noch hier auf meinen Regalen und wird gelegentlich zum Nachschlagen bemüht: Alles Einzelne sei erst aus atmosphärischen Gesamteindrücken sprachlich expliziert, und eine seelische „Innenwelt" gebe es überhaupt nicht.

Die Natur(wissenschafts)phänomenologin Hedwig **Conrad-Martius**, die den transzendentalsubjektivistischen Schwenk ihres Lehrers Husserl nie mitgemacht hatte, entdeckte noch der Gymnasiast für sich, schrieb sie an und hütet noch eine freundliche Antwortkarte der bereits Todkranken. „Der Raum", „Das Sein" und auch „Der Selbstaufbau der Natur" faszinieren mich ungebrochen noch Jahrzehnte später, obwohl ich sie nur noch wenig lesen mag. Ihre Grundgedanken aber sind seither in Fleisch und Blut übergegangen.

Obwohl ich Hans **Blumenberg**s Grundgedanken nie teilte, lese ich ihn immer einmal wieder gern und genieße diese hochreflektierten Feinsinnigkeiten.

Ein **Heidegger** hat sich diskreditiert und inzwischen sein etymologisches Denken einigen Reiz verloren.

Aus der Tradition interessiert am menschlich fragwürdigen *Seneca* noch das aphoristische Stilideal im Lob seiner gelehrten Muße. Zwischen *Hegel* und *Schopenhauer* wähle ich heute so wenig wie früher: Ich lese sie beide nur allzu gern. Und die Literatur?

Kramen wir einmal wahllos in uralten Erinnerungen. *Boswell*s „Doktor Johnson“ amüsiert z.B. weiterhin, während Marquis *de Sades* „120 Tage von Sodom“ inzwischen nur noch abstoßen. Unverständlich, dass *Goldsmiths* „Vikar von Wakefield“ jemals gefiel! *Balzacs* „Verlorene Illusionen“ findet der Ältere wieder wie den Reiz von *Flauberts* „Lehrjahren des Herzens“. Auch Saul *Bellows* „Herzog“ hat den Alterstest so gut bestanden wie *Gides* „Tagebücher“. *Mallarmé*s, *Valéry*s und *Rilkes* Lyrik sind mir leider inzwischen verblasster als die *Hölderlins* und *Eichendorffs* (sic). Lermontows „Held unserer Zeit“. Svevos „Zeno Cosini“, Moravias Erzählungen, Diderots „Rameau“, Chateaubriands „Memoiren“, Cicellis, Pirandellos und Paveses Erzählungen, Henry James´ “Frauen von Boston“ wie Dickens „Große Erwartungen“ wollen noch einmal überprüft werden, ob sie den Zahn der Lebenszeit überstanden haben. Aber wird der Greis dazu noch kommen?

Der Abiturient war mal begeistert von so etwas wie pechschwarzer Kunst, die ihm z.B. entgegenkam aus *Zolas* „Erde“, *Ibsens* „Gespenster“, *Strindbergs* „Totentanz“, *Shakespeares* „Richard III.“, *Faulkners* „Freistatt“, *Hemingways* „Fiesta“, *le Clézios* „Protokoll“, *Camus´* „Fremden“ und „Caligula“, *Williams´* „Plötzlich letzten Sommer“, *Baudelaires* „Blumen des Bösen“, „Manhattan Transfer“ von *Dos Passos* oder *Huysmans´* „Gegen den Strich“: Das alles langweilt (oder erschreckt) den Angejahrten heute zu Tode. Im Belanglosen verloren haben sich derweil *Cocteaus* „Thomas der Schwindler“, *Flauberts* „Bouvard und Péchuchet“, *Malrauxs* “Königsweg“. *Aragon, Pessoa, Genet, Joyce* und *Beckett* z.B. kann der Alte überhaupt nicht mehr lesen, ohne angeödet über den gestorbenen Jüngling in sich zu lachen und den Kopf zu schütteln.

Meinem und ihrem Alter standhalten konnten die meisten Arbeiten von *Chesterton, I. B. Singer* und *Arno Schmidt*, manche von *Maupassants* und *Tschechows* Geschichten, auch *Thomas Manns* „Zauberberg“ („souveräne Mache“, W. Benjamin) und von *Nossack* nur noch die „Tagebücher“, nicht mehr „Spätestens im November“, „Das Mal“ oder „Der Fall d´Arthez“. Von *Huxlex* bleiben dem Alten noch der „Kontrapunkt des Lebens“ und nur einige Essays. *Célines* „Tod auf Kredit“ hatte den Greis ebenso gelangweilt wie den Jüngling gefesselt. So ging es ihm auch mit *Hardys* „Grünem Rand der Welt“. *Dostojewskis* und *Doderers* „Dämonen“, obwohl szenengesättigt jugendbunt, überstanden die

Zweitlektüre besser als *Sartre*s „Zeit der Reife“ und „Pfahl im Fleisch“. Nathalie *Sarrautes* originelle bürgerliche „sous-conversation“ schmeckt mir nur noch in kleinen Dosierungen verdaulich, und auch *Prousts* mäandernde Salonmusik ermüdet den alten Wiederlesenden immer sicherer. Die Blätter von *Fontanes* reizenden „Briefen“ scheinen mit manchen seiner Romanwelten gar nicht mitzuwelken.

Allgemein ziehen dicke Romane mich weniger an als früher; Debuts der Jüngeren verfolge ich nicht mehr. Der alte Mensch steht nicht mehr in den mannigfaltigen Verwicklungen des Lebens und Verwirrungen des Herzens. Was interessieren den Siebzigjährigen noch die Sorgen und Nöte von Zwanzig- bis Vierzigjährigen, von Kids und Teens ganz zu schweigen? *Zwischenmenschliche Beziehungskisten* und Berufsprobleme, die zwei Säulen der Durchschnittsexistenz, sollten sich erledigt haben, und Lustgreise wirken eher widerwärtig. Der bunte Reigen der Lebensverhältnisse ist dasselbe immer neu gedrehte Jahrmarktskaleidoskop und ermüdet die gewohnte Anteilnahme, die sich am Ende gern auf resümierende Bilanzierungen und distanzierende Bonmots verschiebt. Die Lebenswelt schrumpft auf ihre Essentials, bewährte Gewohnheiten werden erträglicher als riskante Abwechslungen; Entlastung wird wichtiger als mühsame Sinnsuche durch trial and error. Da liest man auch frühere Favoriten eher wieder als heißempfohlenste Novitäten des Tages.

Kein Gedanke ist der Vater eines Wunsches

Was wünschen wir uns alle "aus tiefstem Herzen"?

z.B. ewigen Weltfrieden. Also keinen Krieg gegen den ewigen "Arbeitsfrieden" der großen Tyrannen und Menschenschinder?

z.B. ungehemmte Freiheit. Also nur Orientierungslosigkeit und hemmungslose Willkür unbelehrbarster Beliebigkeit?

z.B. Liebe. Wenn allein liebenswerte und liebenswürdige Leute geliebt würden, blieben zu viele ungeliebt und unbeliebt.

z.B. Gerechtigkeit. Wenn es aber ganz gerecht zuginge, würden zu viele Leute gar nichts abbekommen vom großen Weltkuchen. Für und gegen seine Gene kann niemand etwas, und was ist ungerechter verteilt als Erbgut und Talente von jedem? Sein Naturell und seine Schaffenskraft hat niemand aus eigener Kraft erschaffen; warum also sollte dessen fleißige Lebensleistung eigentlich belohnt werden? Wenn Gott nur nichts als gerecht wäre, würden ja fast alle Menschen in die Hölle gehören, oder?

Aber es gibt natürlich auch private Wunschbilder. Jeder glaubt magisch an seine eigenen Herzenswünsche, aber was du als ureigenste Wunschphantasie empfindest, ist beinahe niemals auf deinem Mist gewachsen, sondern selber gesellschaftlich vorfabriziert worden. Du glaubst und wähnst ja nur, deinen eigensten Wünschen und Interessen, deinen Leidenschaften und Zielen zu folgen, und willst gar nicht merken, dass du damit nur den oft raffiniert verkleideten Kommandos deiner Zeit parierst, die hinter deinem Rücken, aber durch deine innersten Herzenswünsche hindurch ihre so sinistren Zwecke verfolgen, die unerkannt über dich hinausgreifen ...

Der große Philosoph *Friedrich Hegel* erkannte darin die "List der Vernunft" in der (bisherigen) Weltgeschichte. Jeder wünscht sich und für sich leidenschaftlich, was der "Zeitgeist" der Gesellschaft, die „verwaltete Welt“ *(Max Horkheimer)*, das „eiserne Gehäuse der Zivilisation“ *(Max Weber)* immer schon als wünschenswert in ihn vorinstalliert haben, meist in der Kindheit, lange bevor er zum Bewusstsein erwacht und sich dagegen wehren kann.

Dann ist alles Wesentliche schon gelaufen, und man rackert sich zeitlebens für solche höchst mächtigen Phantome ab, deren Zweck und Herkunft den meisten meist verborgen bleiben. Jeder hält sie für sein eigenes ellenbogenfreies Innenleben, aber ist denn ein Wunsch freier als ein Gedanke oder eine Tat?
"Wo du bist, könnte Es sein." *(Nils Minkmar)*

"Dein Wunsch ist mir Befehl"? Oh nein, umgekehrt, ein höchster anonymer Befehl wird mein eigener tiefster Wunsch!

Nicht nur Güter werden ja hergestellt, auch die vermeintlich "individuellsten" Wünsche und Bedürfnisse danach werden selbst kulturindustriell produziert – und uns rechtzeitig schon über Familiensozialisationen implementiert. Es ist sehr viel schwerer, als man(cher) denkt, sich selbst und anderen etwas ganz anderes zu wünschen, als "man" sich und anderen so gemeinhin wünscht und wünschen soll(te).

Darüber denkt menschliche Reflexion nach, die sich Philosophie nennt.

Sind wir nur noch sozialtechnisch rückverkoppelte „Wunschmaschinen“ *(Deleuze/Guattari)* und werden "bedient", in jeder Bedeutung dieses Wortes, von unadressierbaren anderen Wunschmaschinen? Ist das hier nun nur eine bekloppte Dystopie oder doch in Mark und Herz treffende Zeitdiagnose?

Davon abgesehen hast du drei unfreie Wünsche frei:
"Wer seine Wünsche zähmt, ist immer reich genug." *(Voltaire)*

"Der Wunsch ist ein Wille, der sich selbst nicht ganz ernst nimmt." *(Robert Musil)*

"Ungeschoren zu bleiben,
ist der Wunsch aller Schafe." *(Karl Kraus)*

Erst **tat** ich viel,
um glücklich zu werden,
dann **wollte** ich es wenigstens,
dann **wünschte** ich es mir nur noch.
Nun schlaf ich ein
und **träume** lediglich,
wunschloser zu werden
als andere.

"Es werden mehr Tränen über erhörte Gebete vergossen als über unerhörte."
(Heilige Theresia von Avila, 16. Jahrhundert)

Der Wunsch aller Wünsche aber geht aufs Glück. Benn definierte : „Dumm sein und Arbeit haben.“

Von Arkadien zum Bücherparadies

Schiller warnt nicht nur vor leerer Entspannung, die realistische Erholung von Geschäften sucht, sondern auch vor schwärmerischer Überspannung, die sich utopistisch versteigt und volle Freiheit mit leerer Phantasie verwechselt. Real-existierende Idyllen-Idealität aber ist die Insel-Wunschlandschaft gutsortierter Bibliotheken und kein Agrar-Barbarismus brutalistischer Natursentimentalitäten.

Hegel höhnte, man wisse bei Geßners Idyllen nicht, ob sie mehr den Schafen oder den Schäfern zugute komme. Sie kommen nicht *nach* Hochtechnologie und Reformpolitik, sondern noch *vor* den Sozialutopien : In all ihrer Störanfälligkeit sind Idyllen doch schon selber jene Sozialkritik, die von ihrer Resignation fruchtbar unterlaufen und ausgespart wird. Haben sich arkadisch präzivilisatorische Naturidyllen nicht als elysisch postkulturell oft nur ausgegeben, wie bei Vossens „Luise“? Die relative Autarkie ist dann erkauft um den Preis realer Ohnmacht. *„Das mehr nur Pflückende und Hütende Arkadiens“* ist bei Vergil schon überwunden, doch bei Theokrit noch nicht.

Wir haben Vergils bukolische durch unsere bibliothekarische Idylle ersetzt und sublimiert : pastoral book of nature. Vielleicht hat ja schon Vergil seinen derberen Theokrit ebenso verfeinert. Der geistige Glücksraum der fröhlichen Gotteskinder ist keine geographische oder futurologische Kategorie mehr, aber noch immer ein Klassenbegriff des Bildungsprivilegs. Die moderne Idyllenfurcht ist berechtigter Haß auf Harmoniebetrug, und das goldene Zeitalter der Agrikultur war schon immer nur Ideologie. Das *Agrarkadien* sei sublimiert zum *Literarkadien* und nicht fortentwickelt zum *Atomarkadien.* Ich meine die idyllische Utopologie der platonischen Höhle, die poetische Dachkammer, der epikureische Schrebergarten oder die Denkerklause, die Rettung des *Idyllividuums* vor kollektivsten Zugriffen. Die erste rohe Natur ist zu wahrer menschlicher Natur erst zu bilden. Kunst ist kein Schöpfungsersatz, sondern selber göttliches Naturtalent. Das biblische Jenseits verbietet das idyllische Paradiesseits. Zielen Jesajas Verheißungen auch auf Bücherparadiese?

Aber es gibt die idyllisch ungestörtere Wahrnehmungsschule und Naturkunde. Vergils „Georgica" feierte ja die naturphilosophische Erkenntnis des Kosmos. Ich suche keine Einengung Arkadiens auf die Weite von Schäferweiden, aber die ackerflüchtige Ausweitung auf enge Gelehrtenstuben. Mich stören vor allem die schrecklichen Vereinfacher aller Komplexe. Der Großsoziologe Niklas Luhmann sah den Kern der Kultur gerade in dieser *Komplexitätsreduktionspotenz,* und derbe „Natürlichkeit“ floriert nie am Anfang, sondern immer in Spätzeiten, als Reaktion auf erstarrte Überfeinerungen. Bloße Lesezeiten in Bibliotheksräumen und Geschichtswerken sind ja selber erstarrte Geschichtszeiten, wenigstens nomadisierende Gespräche ohne Ziegen- und ohne Zungenhüten.

Vielleicht sind es da auch platonische Dialoge von peripat(h)etischen Flaneuren, die Kreuzungen aus Nomaden und Pfahlbürgern sind, und der traditionelle Liederwettstreit der Idyllen ist ersetzt durch Ideenwettstreit. Das Heroische ist nur noch im Geisteshelden, und der Kriegsheld siegt in Polemiken. Schon für die romantische Sehnsucht war Geßner viel zu fade und Voß zu hausbacken. *Der zerbrochene Krug* fand in Kleist den Schuldigen und die *Idylle* bei Geßner das Unschuldslamm. Nicht die literarische Gattung macht ja das Idyllische, sondern die Denkweise und Lebensform. Geistiges Leben ist da erkauft durch versöhnliche Reduktion auf Spießermaß. Gibt Vischers *gemütliche Heimlichkeit* nicht doch nur erstickendes Behagen? Oder mikrologische Vollendungschancen? Die kapitalistische Ökonomie bedroht nicht nur dumpfe Öko-Nischen, sie fördert auch großstädtische Robinson-Inseln – voller Sehnsucht nach dem ruhigen Ende aller Sehnsucht.

Ist das im Grunde nicht nur Todessehnsucht? Es ist auch subjektives Glück im objektiven Unglück, also kosmische Totalität in proletaristischen Mikrologien.

Müssen wir verzichten auf etwas, das wir nie begehrt haben? Wir opfern keine Traumziele, sondern uns verschonen Schreckgespenster. Unsere Entsagung ist Entlastung, wenn wir Staat und Gesellschaft für das Buch der Natur und das Buch der Bücher leichten Herzens opfern. Aus der materiellen Not eine geistige Tugend machen? Die Welt ist böse, also halte ich mein kleines Herz und Haus ganz frei von Hass und Häme? Das moderne Anti-Idyll lebt doch von den Idyllen, aber umgekehrt auch unser Eidyllion von der Anti-Idyllik um uns herum. Idyllische Beschränkung (ver)blüht, und dämonische Verschlossenheit brütet.

Sogar Schopenhauers erzidyllische Triebphilosophie wollte sich nur eine „feuerfeste Kammer in der Hölle bauen". Nur ein „buddhistischer Paranoiker"?

Schiller konnte nicht mehr realisieren, was er an Kulturidyllen forderte, wenn uns Kultur zur zweiten Natur geworden ist. Das Anti-Idyllikum Tod kam ihm dazwischen, nicht seine Unfähigkeit, aber vielleicht die Unmöglichkeit, Realitäten harmonistisch umzulügen? Goethes Idyllik lockte *in die stillere Wohnung, – wo sich, nah der Natur, menschlich der Mensch noch erzieht.* Ob nun Altersruhe oder antike Kindheit der Menschheitsgeschichte oder der Infantilnarzißmus biographischer Vergangenheit : Das Welttheater reflektiert sich gern im Taschenspiegel. Jede Naturidylle ist von Geschichte und Gesellschaft bedroht, aber nicht von Geist und Kultur.

Auch der Spießer gibt seine kleine Welt als ideales Muster aus, wie das Genie. Aber sprich Horaz nach: Beatus ille, qui procul negotiis ... Exegi monumentum aere perennius … ganz aus Aphorismen.

Lass uns einen Spaziergang machen zum erhöhten Aussichtsturm mit einem freien Blick auf Großstadt-Landschaften, Müll-Berge und Ab-Flüsse? Seien wir dankbar für den geschichtlichen Augenblick, der auch uns, für die das nicht überliefert wurde, die aufgespeicherten Schätze aller vorausgegangenen Generationen mitgenießen lässt. Aber wir wollen sie nicht nur in kurzer Lebenszeit verschwenden, sondern auch als Rohmaterial für höhere Veredelungsprodukte gebrauchen. Nutzen wir die Gunst der Stunde, bevor sich das Startfenster für unsere kleinen Himmelsraketen wieder schließt und Leuten wie uns die letzte Stunde schlägt. Die rechtmäßig ererbten Güter gegen Barbaren zu verteidigen, sind wir schon nicht mehr stark genug. Was wir hier schaffen, vertrauen wir irgendwann der Flaschenpost an, die wir in die Nordsee werfen. Mag die Vorsehung sie künftigen Geistesverwandten in Kopf und Hände spülen. Entsagung ist allerdings zu leicht, wenn sich das meiste versagt.

Apropos idyllische Elfenbeintürme

Das Leben der Theoretiker hat heute immer weniger Gegenstände, die nicht zu Objekten der Praxis gemacht werden sollen. Sozial-, Geistes-, Geschichts- und Wirtschaftswissenschaften sind ganz unmittelbar praktisch orientiert und motiviert. Recht und Moral, Ökonomie und Ökologie, überall ist von menschlichen Machenschaften die Rede. Mit den *harten* Naturwissenschaften steht es kaum anders. Physik, Chemie und Biologie samt ihren modernen Verzweigungen werden nicht um ihrer selbst willen gelehrt und betrieben, sondern Forschungsgelder fließen allein in Fragestellungen, die profitablere Resultate für die Wettbewerbsfähigkeit von Unternehmen erwarten lassen, in Technik und Industrien. Auch die *weichen* Kultur- und Geisteswissenschaften handeln nur überkompensatorisch von den „kommunikativen Handlungen“ und zwischenmenschlichen Gefühlsschicksalen, bis hin zur abstrakten Musik. Kosmologen und Elementarteilchenforscher arbeiten allerdings zusammen, um nicht nur Atombomben oder Teflonbratpfannen abzuwerfen, sondern um grundlagenforsch die Struktur und Geschichte des Alls zu untersuchen, aber auch da droht militärischer Nutzen alles zu motivieren.

Zum Glück gibt es noch theoretische Physiker, die keine Drittmittel eintreiben, um E-Autos und Laserkanonen zu erfinden. Auch die reinen Mathematiker entwickeln nicht nur bessere Industrieproduktionsprogramme und Versicherungsmodelle. Die reinere mathematische Logik steckt nicht nur in den Schaltkreisen der Computertechnologiker, sondern treibt hoffentlich auch noch ein zweckfreies Spiel des Geistes mit seinen eigenen Möglichkeiten, ein unrentables Glasperlenspiel auf höchstem Niveau. Formallogisch Wahres und Naturschönes bilden arkadische Inseln im Meer der industriellen Produktionen und sozialen Optimierungstechniken. Der ganze Bereich der *vita activa*, der anthropogen sozialaktivistischen Eingriffe in grüne und menschliche Natur, sollte eigentlich nur noch aphoristisch distanziert werden, um nicht weiter vor- und aufdringlich zu bleiben. Die pure Meditation und Kontemplation des Kosmos und des reinen Geistes steht den geistreichen Reflexionen in satirischen Bonmots gegenüber, alles überdacht und zugleich fundiert vom heiligen Geist monotheistischer Religionen. *Gott ist Geist*, und im Geist soll das Geschöpf Ihn und Seine Schöpfung anbeten und verstehen, Geist, der im menschlichen Ebenbild geistreich wird und in Naturstrukturen sein herrliches Sinnbild hat. Im Anfang war das Wort, und das Wort wurde ein Bonmot? – Es folgen einige Literaturempfehlungen:

Albert Menne : „Einführung in die formale Logik", Darmstadt 1985

Rudolf Carnap : „Symbolische Logik", Wien 1960[2]

Willard van Orman Quine : „Grundzüge der Logik“, Frankfurt/Main 1974 (New York 1964)

Helmut J. Schneider : „Die Idyllen der Deutschen“, Frankfurt/Main 1978

Renate Böschenstein-Schäfer : „Idylle“, Stuttgart 1977[2]

Gunter E. Grimm (Hg.) : „Deutsche Naturlyrik“, Stuttgart 1995

Harald Fricke : „Aphorismus“, Stuttgart 1984

Fritz Schalk (Hg.) : „Die französischen Moralisten“, 2 Bände, München 1974

Robert Zimmer : „Die europäischen Moralisten“, Hamburg 1999

Friedemann Spicker : „Deutsche Aphorismen“, Stuttgart 2010

„Aphorismen der Weltliteratur“ , Stuttgart 1999
„Kurze Geschichte des deutschen Aphorismus“, Tübingen 2007

Drecksarbeiter aller Länder, zerstreut euch!

Nach nichts wird nun mehr gerufen als nach Bildung, für nichts soll mehr Geld ausgegeben werden. Mit nicht eingebildeter Bildung ist nicht Humboldts Ideal zweckfreier Persönlichkeitsbildung gemeint, sondern Ausbildung und Abrichtung jedes Einzelnen für den freien Arbeitsmarkt, für Wettbewerbsfähigkeit im Konkurrenzkampf um höhere Profite. Hochindustriegesellschaft im Zeichen digitalisierter Globalisierung verlangt neue Arten von Fachkräften mit Expertenwissen in exotischeren Produktionssegmenten. Wer nicht mitkommt im Rattenrennen, fällt hinten runter, ins soziale Auffangnetz, um Aufruhr zu unterbinden. Wo landen am Ende die sozialen Fußkranken, außer bei den rechten Parteien, wenn man eher die richtige nationale Rasse als die richtige rationale Klasse hat?

Schätzungen gehen von einem Viertel bis Drittel der Bevölkerung aus, das nicht fit zu machen sei für eine „Industrie 4.0" der vernetzten Dinge (oder „Industrie 7.0" der automatisierten Mitbürger). Die chronisch Kranken, Verwahrloste und *geistig Minderbemittelte* müssen ja mitgeschleppt werden. Die Anforderungen fortgeschrittenster Hightech-Gesellschaften an den einzelnen Arbeitnehmer und Dienstleister werden so hochgeschraubt, dass ein stetig wachsender Bevölkerungsanteil nicht mehr fähig ist zu folgen und damit Lebenssinn und Lebensunterhalt zu bestreiten. Konzentrationsfähigkeit, Flexibilität, Ausdauer, Sozialkompetenz und Intelligenzquotient von immer mehr Bürgern reichen nicht mehr aus für Anforderungsprofile vieler Erwerbsberufe. Diesem stetig wachsenden globalen Anteil bleiben nur einfache wie billige, un- und angelernte Drecks- und Knochenarbeiten oder Almosen, um ihr Leben im Rahmen dieser Strukturen zu fristen. Sach- und Facharbeiter sind gut *integriert,* und *Lumpenproletarier* machen nur noch den weltweiten Dreck weg, wenn sie nicht auf Mülldeponien nach Verwertbarem stochern. Diese globalisierten Müllwerker räumen der Industriegesellschaft ihren Dreck aus dem Weg. Die Umwelt ist alles, was der Abfall ist, also die Unterwelt, und wer den Abfall beseitigt, sollte abfallen von denen, die ihn machen. Sein Aufstand und sein Aufruhr ist das Wesen der zeitgemäßen Utopie in konsumhedonistischen Überflussdemokratien. Er verfault nicht weich, er arbeitet hart. Vom Mehrwert bleibt bei Abgehängten nichts hängen als konterrevolutionäre Abfälle. Sie sind anerkannt als der Dreck, der den Dreck wegschafft, den die Schaffenden machen. Ihr wirksamster Aufruhr aber rennt nicht in MG-Salven, sondern ist Sitzstreik auf dem Hosenboden, um für sich selber Bücher zu lesen, statt für Bürger Müll aufzulesen. Wenn Gott nicht mit diesen Parias ist, ist niemand mit ihnen, und Er hat gesagt, Er sei mit den geistig Zerschlagenen, die aus der Welt nicht klug werden. Sie könnten ja auch die Metropolen verlassen und die Bürger einfach ersticken lassen unter ihren nicht abgeräumten Müllbergen und so wieder Nomaden werden wie vor 10.000 Jahren, lange vor Ackerbau und Viehzucht auf eingezäuntem Grundbesitz. Die Erkenntnis, wie aus Gottes Schöpfung eine eigene, vermeintlich bessere Schöpfung zu machen sei, vertrieb uns aus dem Wildwuchsgarten Eden und verurteilte uns zu gottverfluchtem Ackern. Die Bibel hat dieses weltgeschichtliche Urereignis gleich zu Beginn festgehalten als ein Hohn auf Gottes Ur-Tipp für alle Menschen. Wie sähe eine noch nicht blamierte Utopie nun aus? Die für die *verwaltete Welt (Horkheimer)* Unqualifizierbaren werden wieder unsesshafte Nomaden, seit Urzeiten die Bürgerschrecks schlechthin, oder gehen am Dreck zu Grunde, den sie wegmachen sollen. Sie desertieren aus Stadt- und Landwirtschaften, sie sind die „goldene Horde" der Romantik und bilden doch keine Herden, denen sie von Weideplatz zu Weideplatz folgen, sondern versickern überall zu verfeinert vagabundierenden Individuen mit unendlichem geistigen Nachholbedürfnis, mit Büchern in den Händen statt nur Dreck an den Händen − nie wieder Bürger.

Das Behagen in der Unkultiviertheit

Das 20. Jahrhundert, vorbereitet vom 19. Jahrhundert, war die Epoche der Triebbefriedigungen. Die Triebsublimierungen wurden zunehmend als bloß repressive Abwehrmechanismen und rationalisierte Verdrängungen weggebrandmarkt. Das vermeintlich überrigide „Über-Ich" wurde für die Hälfte allen

Elends in der Welt verantwortlich gemacht. Seine vormalige Autorität wurde gestürzt, um die unter-irdischen Kräfte des Unbewussten zu befreien. Wo das Über-Ich war, sollte plötzlich Es werden. Schlichte Entsublimierung wurde als eine lustvolle Emanzipation von unlegitimierbaren Autoritäten gefeiert. So etwas wie Kultur galt nur noch als „verhindertes Schwein“ und wurde durch die daseinserleichternden „Zivilisationserrungenschaften“ ersetzt. Alles sei letztlich *nichts als* Geld und Sex, aber Geld und Sex sind ebenso letztlich *nichts als* banale Banausie, Reiz-Reaktionsplattheit und öde Funktionsmechanik im Leerlauf.

Alles wäre gut und schön, wenn diese schöne neue Welt schamloser Lustschreie und lustiger Entfesselungskünste wirklich hielte, was sie da versprochen hatte. Aber die Welt verfeinerter Feudalkultur wurde eben nicht demokratisiert, sondern nur *dekonstruiert* als bloße Rationalisierung von puritanischer Versklavung und institutionalisierter Einschüchterung.

Das Paradies enthemmter Lüste und Körperkulte entpuppte sich allzu schnell als eine Hölle ewiger Langeweile von Kicks zu Kicks, von thrill zu overthrill. Das immer gleiche Immer-mehr von Immerneuem führte zum Überdruss am Überfluss. Charlie Citrine in Saul Bellows Roman „Humboldt´s Gift“ wollte einen spannenden Essay schreiben über das unentrinnbare *Taedium vitae* der saturiert modernen und sozialbefriedeten Massendemokratien.

Glücklicher als die orientierungslos freien Konsumhedonisten des westliberalen Lebens werden jedoch immer noch die ältlichen Studierstubengelehrten, Hochkulturkünstler, anspruchsvollen Intellektuellen und grauen Labormäuse einer *scientific community.* Schopenhauer hat Recht behalten : Wer den Existenzkampf bestanden hat, landet bei innerer Leere, und die einzige Alternative zur Alternative von Not und Langeweile wäre die den meisten verschlossene „Welt des Geistes", der Erkenntnis und der freien Künste für Stendhals *happy few.* Vor dem Turm zu Babel schützt nur der Elfenbeinturm der *vita contemplativa,* nicht die eitle Unrast der engagiertesten *vita activa.*

Hochdekoriertes Christkindl
Christliche Art Deco

Um das Ergebnis der vorweihnachtlichen Plauderei vorwegzunehmen : Die allerschönste Weihnachtsdekoration wäre die, alle dafür ohne die Vorsehung vorgesehenen Gelder am Heiligabend an Bettler zu verteilen, diese mittelalterlichen Bettelmönche von heute. Beten, bitten und betteln sind eins.

Dann bliebe der Tannenbaum der Erkenntnis, von dem wir nicht essen sollen, wenigstens auch nicht ganz ungeschmückt. Himmelreich(tum) ist ohne biblische Armut nun einmal nicht zu haben, eher gehe ich Kamel bekanntlich durch das weltberühmte Nadelöhr im Heuhaufen von "Bethlehem (Steel Company)". Weihnachten ist das Fest der falschen Geschenke, und rechte Dekoration kann man sich da nicht einfach schenken. *Dulce et decorum.*

Ein Christkindl wird alljährlich dekoriert wie ein Religionskriegsheld? Wird der arme "Menschensohn" nun zum Weihnachtsmann herunterdekoriert oder zu Gottvater selber hochdekoriert? Wird zu Weihnachten hoch dekoriert, dass Gott als Mensch geboren wird, damit dieser Mensch als Gott selber stirbt – oder wäre das eine bloße Blasphemie, wie Konkurrenzreligionen mit einigem Recht glauben?

Kitsch as Kitsch can : Schmuck unfromme Wünsche dekorieren bald wieder das unheimlich traute Heim am Langweiligabend. Lamm aus Lammetta, mit Schaf und Esel unter Kugeln und Kerzen, oder einst Hippie als "Krippie" im kalten Kreißstall?

Die bunte und ebenso lautstarke wie umsatzstarke Christkindl-Ausstaffierung ist ein einziges Paradox: Das Christfest wird auch und gerade vom *Antichristen* gefeiert, aus all den weihnachtsindustriellen Kanonenrohren willkommen geheißen!

Je antichristlicher Europa wird, desto hysterischer feiert es das Christfest. Nun könnten Christen im Gegenzug auch guten Gewissens teilnehmen an nachnachhaltigen Sonnenwendfeiern und Schwarzen Verbrauchermessen – in ökumenisch-ökologischer Vollumarmung.

Der ganze schrille Bühnen- und Budenzauber, zeigt er nur die Unverwüstlichkeit dieser alten Religion, die alle feingestrickteren und grobschlächtigeren Weihnachtsparodien spielend überlebt? Wird uns das Christkindl alljährlich geboren, wie ein jedes Menschlein heuzutage das Licht der Welt erblickt – trotz aller Verhütungs- und Abtreibungsversuche der Eltern und ihrer ausnehmend menschenfreundlichen Helfershelfer?

Weihnachten wird alljährlich dekoriert zum Fest von Kirche, Küche, Kitsch, Kommerz und Kinderaugen : Das wird ebenso alljährlich immer wieder satirisch sattsam neu verhöhnt, und dieses kindischen Kinderspiels wird man offenbar nicht müde, Offenbarung hin oder her, damit das Güte(r)angebot diesseits der Zehn Gebote niemals unsere Nachfrage marktgesättigt übersteige.

Rohe oder frohe Weihnachten!

Politik oder Kultur oder Kumpanei von Macht und Geist?

Vielleicht sollte diese große Frage in zwei kleineren Schritten abgehandelt werden : Was kann und soll der gute Durchschnittskopf politisch tun? Und was haben Weltgenies in der Weltpolitik bewirkt?

Zuerst sei geklärt, ob ein durchschnittlich guter Kopf, der kein ausgepichter Dummkopf sein darf, die ihn beherrschende Realpolitik über seinen Stammtisch hinaus verbessern kann, und wenn auch nur *seine* überschaubare Stadtteilpolitik der „kleinen Schritte“ etwa. Soll oder kann oder muss er/sie sich dafür „aktiv einsetzen“ und „einbringen“, damit man mit dem unseligen *Ohnemichel* nicht wieder mache, was man wolle?

Die allgemeine öffentliche Meinung ruft, dass jedermann für seine politische Meinung "aktiv werden" sollte, und drängt auf „politisches Engagement“ jedes Einzelnen, raus aus seinem vermeintlich unfruchtbaren Schmollwinkel hinein in Parteien, Interessenverbände, Bewegungen, Gewerkschaften, Institutionen und mit Massendemonstrationen, Petitionen, Resolutionen, Desinformationen, Plebisziten. Die Wahrnehmung dieses allgemeinen Bürgerrechts sei republikanische Staatsbürgerpflicht.

Angebracht sind aber beträchtliche Zweifel an Sinn und Zweck solcher *Partizipationen*, sowohl dessen, der sich engagiert, als auch dessen, wofür er sich engagieren soll.

Jede Massenbewegung kann unterwandert und dann gesteuert werden von den professionellen Strippenziehern im Hintergrund, und sie wird ja auch regelmäßig manipuliert, ohne dass diese teilnehmenden Staatsbürger das auch nur mitbekommen. Es macht also sehr wohl Sinn, sich aus allem herauszuhalten, was auch nur von fern nach organisierter *Kampagne* riecht. Nur freier individueller Abstand verliert nicht seinen objektiven Verstand. Nur was sich isoliert, geht nicht unter, sagte der Chaosforscher *Binnig.*

Eine gute Devise lautet : Mach nicht mit, auch und gerade nicht beim allgemeinen Nichtmitmachen! Wer irgendwo mittut bei einem kollektiv starken Dagegensein, verkennt schnell, wobei er da eigentlich mittut. Und offen gemeinschaftlich Engagierte machen sich berechenbar und kontrollierbar.

Der alte Grieche *Epikur* riet in seinem Garten, zu dem sogar Frauen und Sklaven Zugang hatten: "Lathé biósas!" (Lebe im Verborgenen!). Mit einem lässigen *Desengagement* weiß man mehr als mit vergesellschaftetem Aktionismus.

Die Umweltideologie der Natur(vor)schützer z.B. ist fast schon total und hat inzwischen sicherer als jedes

Pestizid die Hirne vergiftet. (Sollte grüne Ökologie immer nur ablenken von roter Ökonomie?)

Politik ist das, was dich an dem hindert, was dich angeht, polterte der feinsinnige Konservative Paul Valéry. Der Philosoph Hans Blumenberg schrieb ein lesenswertes Buch über "Die Verführbarkeit des Philosophen" (Frankfurt/Main 2000).

Ein einstimmiges Kollektiv schreit, ein mündiges Individuum schreibt. Ein einzelner freier Intellektueller kann einzelne Köpfe durch seine Feder beeinflussen, aber ein politisches Kollektiv umgekehrt beeinflusst ihn nur selber. Wo z.B. alle heute mehr „Transparenz" einfordern, darf man sicher sein, dass gesellschaftliche Prozesse umso undurchsichtiger werden, je „transparenter" sie gemacht und genannt werden.

Der industrietechnische und gesellschaftspolitische Fortschritt sei selbst die Katastrophe, die er verhüten wolle, schrieb Walter Benjamin.

Das gemeine Volk hat immer gewusst, dass es ja doch nichts ändern kann. Diese uralte Volksweisheit ist nicht dumm, sondern weise Frucht jahrtausendelanger Erfahrung. Nur Dummköpfe oder gerissene Lobbyisten wollen ihm einreden, dass es dumm wäre, es mit seinen Ausbeutern mit vereinten Kräften nicht endlich aufzunehmen. Gute Köpfe wie Marx und später Lenin riefen auf zur „Diktatur des Proletariats", die eine beispiellose Diktatur über das

Proletariat wurde, verheerender als alle demokratie-kapitalistische Ausbeutung.

Damit sind wir schon beim zweiten angekündigten Punkt : Was lehrt die bisherige reale Weltgeschichte in Bezug auf die Frage dieses Essays? Der geneigte Leser soll nicht auf die Folter gespannt werden beim Warten auf die Antwort. Zusammengefasst und vorweggenommen das Ergebnis der Recherche : Ja, ein guter Kopf konnte die große Politik hier und da schon entscheidend beeinflussen – allerdings fast immer nur zum Schlimmeren und Schlimmsten – je besser der kluge Kopf war und je größer die Staatspolitik.

Jedenfalls zeigen das einigermaßen unparteiische Blicke in die reale Politikgeschichte, ohne die alles zur bloßen Utopie würde. Anders gesagt, haben gute und kluge Köpfe die große Weltpolitik fast immer eher noch verschlechtert als verbessert, wenn sie deren Lauf überhaupt einmal mitverändern durften. Umgekehrt hat meist erst die große Politik die guten und großen Köpfe hervorgebracht und begünstigt, wie an dieser Stelle begründet werden mag :

Platon, der aristokratische Urvater der europäischen Berufsdenker, anders als sein plebejischer Lehrer Sokrates, versuchte den jungen Tyrannen ***Dionys I.*** von Syrakus und dessen Vater zu guten „Philosophenkönigen“ zu machen und scheiterte kläglich, bis er sogar als Sklave verkauft wurde, der von reichen Gönnern freigekauft werden musste. Platons Staat in

"Politeia" sei eher totalitär, befand Bertrand Russell, und laut seinem Kompagnon Alfred N. Whitehead bestand die ganze folgende abendländische Philosophie nur aus lauter „Fußnoten zu Platon".

Platons Meisterschüler ***Aristoteles*** wurde der ehrgeizige Lehrer des noch ehrgeizigeren Kronprinzen ***Alexander*** von Mazedonien, aber Alexander wurde der Große eher gegen als durch seinen großen Lehrer. Der erste Weltglobalisierer Alexander I. hat eher den ersten Weltwissenschaftler Aristoteles möglich gemacht als umgekehrt der Lehrer seinen größten Schüler politisch groß gemacht.

Der preußische „Philosophenkönig" ***Friedrich der Große*** ließ seinen Aufklärungsphilosophen ***Immanuel Kant*** zwar denken, aber nicht publizieren, was er wollte. Um das Volk nicht zu verwirren, musste Kant (wie später Fichte) z.B. seine Religionsschriften zähmen. Friedrich II. wurde stärker vom Pariser Jornalisten ***Voltaire*** beeinflusst als von seinem tiefer denkenden Landeskind Kant.

Erst die *„philosophes"* und ***Moralisten*** des Ancien Régime beeinflussten die große Politik auf messbare Weise, indem sie den kommenden Umsturz aller Werte intellektuell vorbereiteten. „Friede den Hütten, Krieg den Palästen!" *(Nicolas Chamfort).* Die geistreichen Aristokraten der Salons nahmen unstreitig selber einen spielerisch selbstmörderischen Anteil an ihrer eigenen revolutionären Beseitigung 1789 (siehe *Diderot, Beaumarchais* u. a.)

Der Vollender und gleichzeitige Verräter der *Grande Révolution*, Kaiser Bonaparte mit seinem fortschrittlichen *Code Napoléon* für ganz Europa, fand seinen Ideologen ausgerechnet im deutschen Philosophen G. W. Friedrich Hegel, den Verfechter des französischen Rheinbundes. ***Napoleon*** hatte ***Hegel*** groß denken lassen, aber der große Denker Hegel hat den kleinen Korsen Napoleon nicht erst politisch groß gemacht, als er den „Weltgeist zu Pferde" 1807 in Jena einreiten sah. Napoleon besuchte lieber Goethe in Weimar als Hegel in Jena, der ihn nur geistig nachträglich rechtfertigte als den letzten Vernunftfortschritt der ganzen Weltgeschichte zu einem europäischen Rechtsstaat.

Nach dem vergleichsweise ruhigen 19. kam das ungleich turbulentere 20. Jahrhundert. Prominente Großbeispiele sind etwa die Rechtskonservativen Carl Schmitt und Martin Heidegger sowie die Linksradikalen Ernst Bloch und Jean-Paul Sartre.

Der „Führer" verführte den Denker ***Heidegger***, der aber nicht als geistiger Führer seines politischen Führers anerkannt wurde und sich daraufhin schmollend zu Hölderlin verdrückte. „Der Führer ist jetzt und fortan die einzige Wirklichkeit und ihr Gesetz", befand der Alemanne 1934 diktatorisch. Noch nach 1945 schwor Heidegger seiner "Entschlossenheit zur jemeinigen Eigentlichkeit" nicht ab, sprach noch von der „Größe und Herrlichkeit dieser Bewegung" und machte seinen politischen Irrtum zur philosophischen "Irrnis des Seyns selber", wie der junge Habermas ihm aus Neuauflagen seiner Schriften nachmalig nachwies.

Im gegnerischen Lager hatte auch der Ex-Priesterzögling Josef ***Stalin*** seine guten und klugen Köpfe, die er anführte, ohne dass sie ihn anführten. „Diese Weisheit, die kühn-besonnene, offen-konkrete Weisheit Lenins und Stalins wacht auf der Strecke zur klassenlosen Gesellschaft.“
(Ernst ***Bloch***, Antrittsvorlesung in Leipzig 1949)

Um der bürgerlichen Rechten nicht zu dienen, bediente der anarchistische Ur-Existenzialist Jean-Paul **Sartre** den Sozialismus bis hin zu den stalinistischen Militärdiktaturen des Ostblocks. (Erst die roten Panzer gegen den *Ungarnaufstand* 1956 und den *Prager Frühling* 1968 schreckten ihn kurz auf und ließen ihn die maoistische Kulturrevolution geistig unterstützen – dasselbe nur in Gelb.)

Das Weltgenie Albert **Einstein** riet mit Erfolg den USA, die Atombombe zu entwickeln, um Deutschland zuvorzukommen. Nach den Ergebnissen in Hiroshima und Nagasaki nannte er das die größte Eselei seines Lebens.

Zum guten Schluss noch zwei Ausnahmen, die meine schwarze Regel bestätigen. Eine Ausnahme war im 18. Jahrhundert der Moraltheoretiker **Adam Smith** mit seinem weltweit einflussreichen Werk "Der Wohlstand der Nationen". Danach reicht die "unsichtbare Hand" des freien Marktes aus, dass das

Gemeinwohl meinem Eigeninteresse nie so gut diene wie umgekehrt deine wenig regulierte Profitgier dem Gemeinwohl. Sogar sein Gegner Marx erkannte die weltpolitische Bedeutung dieser Analysen an.

In unserer Zeit hat der gebildete **Papst Johannes Paul II.**, soweit Einzelpersonen überhaupt Einfluss nehmen konnten, am Zusammenbruch der Ostblockdiktaturen entscheidenden Anteil gehabt – neben US-Präsident Reagan – beide von Linksintellektuellen als vormoderne Deppen verkannt.

Langer Rede kurzer Widersinn : Die klugen Weltanschauer folgten eher den großen Welteroberern, seltener umgekehrt die großen Weltherrscher den besten Weltbildern. Und bedeutendste Geister entpuppten sich allzu oft als eminenteste politische Dummköpfe.

Urheberrechtsschutz für jeden Dreck?

Goethes Werke durfte zu dessen Lebzeiten noch jeder Hans und Franz kostenlos und ungestraft nachdrucken und gewinnträchtig verschleudern. Goethe presste seinem Verleger schon für seine Zeit exorbitante Honorare ab, aber Cotta konnte seinen berühmtesten Autor noch nicht vor billigen Raubdruckern schützen. Das Urheberrecht wollte erst erkämpft werden, und Goethe trug mehr dazu bei, als mancher ahnt.

Ich selbst bin ein armer Autor, aber nicht, weil ich beklaut werde, sondern weil einfach niemand mich um mein geistiges Eigentum bringen will. Manche sollten sich doch glücklich schätzen, wenn ich ihr Urheberrecht verletzen und ihrem Dünnpfiff meinen werten Namen leihen würde, sagt sich mancher Künstler und "Kreative".

Mindestens 97 % all dessen, was zu jeder Zeit geistig, künstlerisch und kulturell produziert, verlegt, *gelabelt*, *geleast*, verhökert oder was-weiß-ich wird, ist doch seinen Urheberrechtsschutz gar nicht wert und würde durch kommerzielle Enteignung eher noch geadelt. Wer und was ein Urheberrecht verdienen würde an Goldkörnchen, ist so extrem dünn gesät, dass es unter den vielen Schrottbergen meist überhaupt nicht auffällt und von den tonangebenden

Stümper-Kitschiers unseres Kulturbetriebs gar nicht erkannt wird, geschweige denn anerkannt. Anders gesagt, mit Antoine de Rivarol : Unscheinbarkeit, *obscurité*, schützt besser als jedes Recht – auch und gerade in der sogenannten Kultur. Und am unsichtbarsten war immer das qualitativ Vollkommenste.

Ich plädiere ja auch eher für das genaue Gegenteil. Strikter Urheberrechtsschutz : Ja, natürlich, aber nur für die umwelt- und innenweltverschmutzenden Elaborate der Popkulturindustrie und ihren volksverdummenden Unwertstofffabriken, für all diese alltäglich aus allen Lautsprechern, Plattformen, Portalen, MP3-Playern, Streaming-Diensten und Lifestyle-Gazetten quellende und dampfende und auch lebenszeitverschwendende Geisteskacke der *kulturschaffenden* Mistschleudern in Ton, Farbe, Bild und Schrift.

Sport, Massenmedien, Bullshit-Serials,
Trivialliteratur, Comics, Popmusik ...

"Spirituell" parfümierte und liberalistisch abgesegnete Kotmassen, die als progressiv daherkommen, haben und begraben Tag vor Tag alle(s) unter sich, ganz (l)egal.

Wer sich "Popkultur" und verwandte Trashware "runterladen" will von den Müllcontainern, sollte zur gerechten Strafe für diese geistige Bankrott-erklärung kräftig zur Kasse gebeten und gehörig zur finanziellen Ader gelassen werden. Wer ***für*** den grenzdebilen U-Kulturdreck leben will, der sollte auch ***von*** ihm gut leben können; er hat es verdient, sich daran dumm und dämlich zu verdienen, und wir enthirnten Fans haben es verdient, ihn daran krass verdienen und uns von ihm ausnehmen zu lassen.

Andererseits ist es ebenso anständig, ***für*** Werke der Kunst und des Geistes zu leben, wie es unanständig ist, ***von*** ihnen leben zu wollen. Max Horkheimer z.B. warf dem Schriftsteller Thomas Mann (laut Alfred Döblin „die Bügelfalte als Stilprinzip“) ganz zu Recht vor, finanziell eher von seinen Büchern zu leben als von der reichen Familie seiner Ehefrau. (Mann soll bei aller Kritikempfindlichkeit seine eigenen Bücher in hellsichtigen Momenten übrigens selbst nur für ein „gepflegtes Mittelmaß“ gehalten haben.)

Kurzum : Die Werke der authentischen Hochkultur sollten ohne Wenn und Aber gemeinfrei sein vom Tage der Veröffentlichung an. "Open Access" für Hegels "Logik", Einsteins Entdeckungen, Bacons Bilder, Alban Bergs Musik und George Saikos Romane, und das nicht erst 70 Jahre nach dem Tode des Urhebers. (Nimmt sowieso kein Schwein, ob es nun sündhaft teuer oder gratis zu haben ist.) But no and never "*open access*" for Pop & Co., please!

Ich frage : Hat denn der, welcher sich meine Gedanken zu eigen macht, mich um mein geistiges Eigentum gebracht? Oder hat mein Urheberrecht erst derjenige verletzt, welcher meinen geistigen

Abfalleimer unter seinem eigenen Namen auf den Markt wirft, anpreist, multi-verwertet, „upgraded“, verramscht und mit seinen fremden Federn schmückt ?

Und das Reaktionärste ist, dass solche Philippika wie diese dann als reaktionär abgetan zu werden pflegt. – Wetten, dass ... ?

Magisches oder rationales Denken?

Die Ratio weiß selbst, dass sie nicht alles ist, aber gehört die Magie zu ihren ebenbürtigen Alternativen? Heute gängige und beliebte Verstandeskritik und Vernunftkritik beruft sich gern auf spirituelle, esoterische, astrologische oder ähnliche, angeblich legitimere Zugangswege zur Wahrheit, doch das zu Unrecht. Es gibt Irrationales zu Recht und zuhauf, natürlich, doch die von der Vernunft selber eingeräumten Grenzen und Defizite der Ratio (Verstand und Vernunft) lassen sich von magisch-esoterischen Prätentionen nicht kompetent genug kompensieren. Die selbstkritische und vermeintlich selbstherrliche Ratio selbst weiß, dass es viel legitimes Irrationales gibt, sogar in ihr selber. Aber man kann Mitmenschen bewusst oder über das Unbewusste suggestiv beeinflussen, und damit sogar den Lauf der Dinge indirekt ändern, das ist alles und hat mit Magie noch wenig zu tun. Die Ratio will die Welt der Gefühle, Stimmungen und Ahnungen nicht entwerten und vernichten. Sie erkennt nur deren sinnvolle Grenzen. Und so rationell wie berechnende Magie geht sie ja gewöhnlich auch gar nicht vor.

Ein Lexikon definiert : „Magie, die (gr.) : der bei Naturvölkern, aber auch noch in den alten Hochkulturen verbreitete Glaube, dass in bestimmten Gegenständen … gute oder böse Geister (Dämonen) anwesend seien, die durch genau vorgeschriebene Sprüche, Gebärden, Zeichnungen „beschworen", zur Hilfe herbeigerufen (weiße M.) oder auch gebannt werden können (schwarze M.). In hochentwickelten Kulturen nennt man die Magie Aberglauben."

Altpersische „Magier" (Weise) waren ursprünglich etwas zwischen Priestern und Zauberern, Sterndeutern und Wahrsagern.

Sigmund Freud rechnete das magische Denken zum „Animismus", d.h. zu einem mythischen Irrglauben, durch symbolische Rituale an realen kosmischen Mächten teilzuhaben und sie seelisch beeinflussen zu können, ohne arbeitstechnische Verformung der äußeren Realität. Diesen erznarzisstischen Glauben zählte er zu den infantilen menschlichen Allmachtsphantasien, durch die eigenen Gedanken den Lauf der Welt steuern zu können und einen privilegierten Zugang zu allen transzendenten Kräften zu haben, gleichsam von Geist zu Geist, von eigener kleiner Seele zu "belebter Weltseele".

In frühester Kindheit hatte jeder von uns diese grandiose Urgewissheit, aus der symbiotischen Identifikation mit den uns allmächtig erscheinenden Elternfiguren heraus. Diese "primärnarzisstische" Illusion überkompensiert nach Freud die demütigenden Gefühle realer Hilflosigkeit des abhängigen Kindes vor der Welt und den Eltern. Naturvölker sind dann vor der übermächtigen Natur gleichsam in der Kindheit der Kultur verblieben.

Magie schafft Wunder, indem sie kraft seelischer Vorgänge die reale Kausalität der Naturgesetze aufzuheben scheint. Die Wunder der modernen Maschinentechnik werden deshalb gern als „realistische Magie" bezeichnet. Reale Technik wirkt magische Wunder, weil sie die Naturkausalität gleichsam mit der Kausalität steuert. Aber die Meditationstechnik der „Schamanen" ist ein Suggestions- und Autosuggestionsritual. Die meisten Menschen, die in der Neuzeit diese Fähigkeit sich einbilden, sind bloße Wichtigtuer – oder eben Manipulateure, die Mitmenschen beeinflussen und sich Macht über deren Gemüter erschleichen wollen. Sich oder andere über magische Kräfte verfügen zu sehen, zählt schon selber zum magischen Glauben. Kurzum : Magie ist meist so etwas wie Wunschdenken der Einbildungskraft und nicht der Urteilskraft. Aufschneiderische Prahlhänse spielen sich auf als telepathische oder telekinetische Talente.

Moderne Zauberer sind Gaukler, die uns durch Tricks und Kniffe *magische* Beeinflussungen der Dinge vortäuschen, zur amüsanten Unterhaltung oder zur psychischen Bemächtigung.

Die magische Illusion ist aber eine für Kunst und Künstler besonders nützliche Illusion, doch eben nur eine Illusion, nicht durch reale Arbeit und reale Technik, sondern schon kraft bloßen eigenen Denkens und Fühlens die äußere Realität formen zu können. *Magie* ist also psychologisch betrachtet eine infantile Omnipotenzphantasie des eigenen Inneren über die Außenwelt. Diese imaginäre Illusion wird produktiv in der Kunst, die aus der vorgefundenen Realität heraus alternative Scheinwelten entwirft, „ästhetischer Vorschein einer besseren Welt“ (Ernst Bloch), und sei es die vorwarnende Projektion einer möglichen Dystopie. (Die “Fantasy-Kunst“ zählt zur Popkultur und Popkultur eben nicht zu authentischer Hochkultur künstlerischer Phantasie.)

Theodor Adorno schrieb in den „Minima moralia“ (1951) : „Kunst ist Magie, befreit von der Lüge, Wahrheit zu sein“. Und Astrologie sei die “Metaphysik der dummen Kerle.“ (Obwohl die Riesenenergieumsätze im All gewaltig auf uns einwirken.) Magie war immer eine als gefährlich empfundene “Geisterbeschwörung“, nicht nur wunderbares Gefühl von etwas Wunderbarem. Doch unser Problem ist, dass wir auf das Wort nicht verzichten wollen, aber an Geister, Dämonen und transzendente Mächte nicht mehr glauben. Schon die Hochreligionen haben die Magie bekämpft, nicht erst die rationale Aufklärung, aber was nicht abgedroschen und abgenutzt glanzlos ist, ist deshalb ja noch nicht magisch. Seit der naturwissenschaftlichen Naturentzauberung und industriellen Naturbeherrschung gibt es eine romantische Gegenbewegung. Seit der Romantik um etwa 1800 versteht die ernüchterte Moderne Magie nur noch als ästhetische Wiederverzauberung der entgötterten Welt. Walter Benjamin z.B. sprach von geheimnisvoller "Aura" der Dinge : eine Ferne, die uns auf den Pelz rückt, und zugleich eine aufdringliche Nähe, die sich uns ständig entzieht.

In der Postmoderne nimmt sich jeder aus allen Kulturen, was er mag, und backt sich daraus eine beliebige Patchwork-Magie. Ein bisschen schamanische Naturästhetik, eine Portion Mutter-Erde-Ökomystik, eine Prise Gefühlsreligion, und fertig ist der geistige Privatkuchen. Das geht alles, niemand hindert einen und nimmt ernstlich Anstoß daran, alles ad libitum. Ob jeder heutige Zeitgenosse in der harten indianischen Naturmagie auch nur einen Monat überleben könnte, darf man aber wohl bezweifeln. Naturvölker kämpfen in einer übermächtig grausamen Natur, und ihre Naturmythen lassen sich in westliche Konsumkulturen kaum übertragen. Wenn alles Magie ist, ist gar nichts mehr magisch, sondern wird ideologisch. Bevor also der Begriff völlig alles- und nichtssagend wird, sei erinnert an die Grundbedeutung : Magie will göttliche und dämonische Kräfte manipulieren, an die wir doch nicht einmal mehr im Ernst glauben.

Wollen wir jede etwas exaltiertere Gefühlsergriffenheit wirklich schon "magisch" nennen? Mit unserer hedonistisch weichgespülten Wellnessmagie in den Industriestaaten sind wir doch keine natürlichen "Stadtindianer"! Die religiöse Dimension ist bei uns ja gekappt, und was ist denn die Mystik ohne Gott? Robert Musils "anderer Zustand" und die "Epiphanien" bei James Joyce sind der heutige Stand der säkularisierten Kunstmagie, immanente Lichter.

Man würde das mythisch-magische Denken ja gern als mögliches Reservoir fruchtbarer neuer Hypothesen anerkennen, wenn der heutige inflationäre Missbrauch seit dem "New Age" nicht doch alarmierend wäre. Wer kann Schamanen und Scharlatane noch verlässlich unterscheiden, mit welchen Kriterien?

Wenn schon Industrie-Reklame als "magisch" gilt, wird Magie zur Schleichwerbung für Dummheit und das Unbewusste marktstrategisch eingeplant, hinterrücks am Bewusstsein vorbei. In "magischer Geisterbeschwörung" sind wenigstens derzeit eher mehr geistlose Risiken als geistreiche Chancen für eine geistige Neulandgewinnung auszumachen. Die Geister, die der moderne Zauberlehrling ruft, wird er auch nicht wieder los. Deshalb ist eine psychoanalytische Dekonstruktion dieses Destruktiven weiter sinnvoll.

Freud-Bashing ist gerade wieder einmal in Mode, auch feministisch befeuert, es läuft stets in Wellen. Man sieht wieder mehr Freuds Grenzen als seine

Landgewinne, aber muss ihn durchaus nicht überschätzen, um ihn gegen die meisten seiner Kritiker auch heute noch zu verteidigen. Bis heute ist die überwiegende Kritik an Freud nur psychischer Abwehrwiderstand gegen seine Turpia, die vielen immer noch nicht in den Kram passen. Aus schmalster empirischer Datenbasis las er mehr Wichtiges ab als seine Kritiker nun aus ihren randomisierten Riesen-Doppelblind-Evidenzstudien.

Dass unser Bewusstsein nur die Spitze eines Eisbergs sei, dieses Bild stammt ja von Freud selber, wohin es aber führen kann, wenn im riesigen "Unbewussten" zu viel Schatzkammer und zu wenig Müllhalde gesehen wird, lässt sich am abschreckenden Beispiel seines Kronprinzen und späteren "magischen" Widersachers *C. G. Jung* modellhaft gut ablesen.

Das „kollektive Unbewusste" Jungs liefert seltener eine neue Kunstrichtung als ein bloßes „Gequatsche der Schwiegermutter" (Adorno). Je mehr in uns verdrängt bleibt, desto infantiler bleiben wir, was kindliche Gemüter natürlich entrüstet bestreiten.

Manche sehen auch in der nun avanciertesten Naturwissenschaft der heutigen Kosmologien nur eine moderne Form bloßer Magie, wenn nicht Taschenspielerei. Aber das hieße Magie nur noch in einem metaphorischen Sinn versehen. Es ist doch spannend zu sehen, aber auch sehr teuer, wie weit man mit diesen neuen Mitteln kommt, dem lieben Gott in die Karten zu schauen. Es geht voran, wenn auch langsamer, als man mal dachte, und andere Strategien, die nicht völlig subjektiv sind, scheinen derzeit eigentümlich verbaut. Das "Buch der Natur" ist vielleicht wirklich (auch?) in mathematischen Lettern geschrieben, wie schon die Alten ahnten. Wenn nicht alles nur Projektionen sind … Alles sehr geheimnisvoll und sehr rätselhaft, dass sich manche Rätsel lösen lassen.

„Aphorismen sind Einfälle der Philosophen."
(Vauvenargues, Luc de Clapier)

> „Was der Laie an der Philosophie wichtig findet, ist fast immer aphoristisch." *(Erwin Chargaff)*

Eine verschwindend geringe Anzahl von Menschen nimmt zur Kenntnis, was professionelle Philosophen der Jahrhunderte aus ihrem Denken veröffentlicht haben. Und so wenig die interessierten Laien davon auch aufgenommen haben, so wenig hat sie davon auch beeindruckt und beeinflusst. Gemeint ist hier nicht, was von vornherein als „Popularphilosophie" hergestellt wurde, sondern was vom Berufsdenken beim Bildungsbürger am Ende hängenbleibt, durch allerlei vermittelnde Instanzen hindurch. Das sind meistens Verkürzungen, Verzeichnungen, Missverständnisse, Entstellungen, Simplifizierungen, selbst Verballhornungen, die oft genug satirische Parodien streifen. So aber wird die Philosophie wirkmächtig durch die Zeiten, in Schlagworten und formelhaften Redewendungen. Vom kleinbürgerlichen Existenzialisten Sartres z.B. bleibt nicht viel mehr als „zur Freiheit verurteilt“ und dass er, um der Rechten nie zu dienen, den Stalinismus weichzuspülen half.

Auf dieser beinahe feuilletonistischen Ebene ist dem Denken des Bildungsbürgers zu begegnen, nicht auf dem Niveau akademischer Fachphilosophie, die er nicht wahrnimmt und deren Abrakadabra ihn nicht prägt. Das durchschnittliche Gebrauchsdenken des „gesunden Menschenverstandes“ besteht aus trivialisierten Versatzstücken aus vielen unbekannt bleibenden Originalphilosophien und ist eigentlich nur aphoristisch aufzufangen und zu kritisieren. Denn Philosophie in universitärer Institutionalisierung ist randständiger noch als das geistreiche Bonmot der *europäischen Moralisten*, die eine unsystematische Herausforderung methodischer Begriffsspekulation betrieben. Sie hatten ihre Epoche von Montaigne bis Joubert (oder bis zu Valéry), in literarischen Formen von Essay, Porträt, Fragment und Aphorismus. Die außerphilosophische Kritik am methodischen Denken etablierter Philosophenschulen hatte ihre Kernzeit von etwa 1600 bis 1800. Es wäre an der Zeit, diese wichtige Tradition wiederzubeleben, um die Philosophie auf ihrem Weg zum Nichtphilosophen nicht zu ermäßigten Preisen zu verschleudern, sondern als ihre immanente Kritik, durch literarische Wendung ihres eigenen „linguistic turn“, statt sich vom innerphilosophischen *linguistic turn* allzu bald wieder wegzuwenden oder gar wegzustehlen. Hans Blumenberg hatte die begrifflich ganz unauflösbaren *absoluten Metaphern* der Philosophie herausgestellt, und Aphoristik lebt vom ewigen Konflikt zwischen Metapher und Metaphysik, Bild und Begriff, Konkretem und Abstraktem. Das hatte seine Geschichte.

Heraklits dialektische Rätselsprüche kritisierten den gesunden Menschenverstand nur immanent, und der römische Stoiker *Seneca* förderte das aphoristische Stilideal. *Francis Bacon* attackierte die methodische Vorurteilsstruktur der scholastischen Summen nicht durch mathematische, sondern durch aphoristische Formeln. Der Urmoralist *M. Montaigne* knüpfte an beim Platoniker Plutarch wie bei den hellenistischen Skeptikern, Stoikern und Epikureern, der Uraphoristiker *de Larochefoucauld* bei sophistischen Gegnern Platons, aber auch beim vorplatonischen Sokrates. Die Frühromantiker um *Fr. Schlegel* und *Novalis* suchten Poesie und Philosophie dialektisch fragmentiert zu vereinen. *Adornos* „Kritische Theorie“ war auch eine streng philosophische Rechtfertigung des aphoristischen Denkens, wenn sie das Individuelle gegen die Allgemeinheit verteidigte durch begriffliche Begriffskritik. So bewahrte er Schlegels geistreiches Fragment vor Hegels totalem Geistessystem.

Aphoristiker hatten Ideen, ohne Idealisten zu sein, verteidigten die Lebenserfahrung, ohne Empiristen gegen Rationalisten auszuspielen, und machten Gedankenexperimente, ohne naturwissenschaftlichen

Experimenten das Wort zu reden und entdeckten die Paradoxien in systemphilosophischen Konstrukten. Moralisten enthüllten verschwiegene antinomische Maximen in moralischen Grundsätzen der Ethiken, führten Scheinevidenzen ad absurdum. Sie übten rationale Vernunftkritik wie gedankenexperimentelle Empirismuskritik, sie entdeckten Unsittliches in geltenden Sitten oder die Moral der Unsitten, auch Normwidriges in normalen Norm(ierung)en etc.

Philosophie ist wesentlich dualistisch strukturiert, und Aphoristik treibt ein „Erkenntnisspiel" mit den Grunddualismen einer philosophischen Begriffskonstruktion. Für Schiller ist der Mensch nur dort ganz Mensch, wo er spielt. Huizinga hat das noch vertieft.

Parmenides verteidigte das eine *Sein* gegen vieles Werden, Demokrit das *Atom* gegens Ganze, Platon ideelle Urbilder gegen ihre realen Abbilder, Aristoteles *Form* gegen Stoff, Descartes die *res cogitans* gegen die res extensa, ein Spinoza stellte *Deus sive natura naturans* gegen natura naturata, Leibniz die *Monade* gegens Kontinuum, Kant das *Ding an sich* gegen raumzeitliche und kategoriale Erscheinungen und *Pflicht* gegen Neigung, Fichte das *Ich* gegens Nicht-Ich, Hegel den *absoluten Geist* gegen verabsolutiertes Geistreiches oder Geistloses, Marx das *Materielle* gegen den Überbau, Kierkegaard die *Existenz* gegen Vernunft, Schopenhauer das *Wissen* gegen den Willen, Nietzsche den *Machtwillen* gegen das Kopfwissen, Bergson den *élan vital* gegen toten

Raum, Husserl die *Wesensschau* gegen abstrakte Begriffe, Adorno die *nichtidentischen* Einzelheiten gegen ihre Einheit, Heidegger das *Seyn* gegen alles Seiende, Jaspers das *Selbstsein* gegen Objektivität, Sartre ein *Fürsichsein* gegens Ansichsein, Habermas das *kommunikative Handeln* gegens soziale System, Blumenberg die menschliche *Selbsterhaltung* gegen eine absolutistische Rabenmutter Natur, etc. etc.
Die Aphorismen thematisieren den unschlichtbaren Konflikt zwischen den jeweiligen Basisdualismen einer Philosophie, das ist laut Gerhard Neumanns „Ideenparadiesen“ (1976) seit Kants „kopernikanischer Wende“ und spätestens seit der romantischen Ironie ihr Wesensgrund. Zur Einheit des Entgegengesetzten kommt es nur in witzigen Teilsynthesen, nie in einem geistigen und sozialen Gesamtsystem.

Adorno zitiert einen Aphorismus vom Paul Valéry: „Was nicht festgehalten wird, ist nichts. Was festgehalten wird, ist tot." (*Paul Valéry* : „Windstriche“). „Darf etwas den Namen von Philosophie überhaupt noch beanspruchen, dann solche Antithesen. Indem sie unversöhnt stehenbleiben, drückt der Gedanke die eigene Grenze aus : die Nichtidentität des Gegenstandes mit seinem Begriff, der ebenso jene Identität fordern, wie ihre Unmöglichkeit begreifen muss." (*Th. Adorno* : „Valérys Abweichungen" (1960), In: „Noten zur Literatur", Frankfurt/M. 1981, Seite 177)

Die meisten Philosophen halten nicht viel vom Aphorismus, der ihnen zu subjektiv rhetorisch, sophistisch, vieldeutig und unverbindlich ist. Sie entfalten lieber umständlich argumentativ, was im Aphorismus ein „impliziter Schluss“ (Klaus von Welser) bleibt. Der Aphoristiker spart sich die Begründungen des Philosophen, weil laut Hegel ein Beweis der Sache nichts hinzufügt, sondern nur dem besseren Begreifen dient.

Der Denker misstraut der Dialektik, die eher mit der Rhetorik überrede als mit dem Argument überzeuge. Der Sprüchemacher sieht sich einem schwerfälligen Pedanten, der Philosoph einem windigen Sophisten gegenüber. Sicher lassen sich „Dichter und Denker“ auch nicht einfach als allgemeine Textproduzenten vereinen, wie Dekonstruktivisten über den *linguistic turn* denken. Der wahre Aphorismus hat die philosophische Begriffsanalyse nicht noch vor sich, sondern schon hinter sich. Als ein postphilosophisches Philosophem schließt er einen Gedankenstreit ab und neue Gedanken auf, ohne sie auszuführen. Auch er will Dingen auf den Grund gehen, aber nicht pedantisch gründlich, sondern außerhalb methodischer Zurichtung des Materials, unabhängig vom systematisierten Vorurteil über die Sache selbst.

Der Aphoristiker macht immer neue Anläufe in verschiedenste Richtungen, von verschiedensten Ausgangspunkten aus. Die Natur macht keine Sprünge, aber die Kultur sehr wohl, abrupte Wendungen, Umwege by trial and error. Der Wissenschaftstheoretiker Paul Feyerabend empfahl ein Denken „wider den Methodenzwang“, und der Aphoristiker stellt immer neue Hypothesen auf, fällt wahllos unverbindliche „hypothetische Urteile“ (Kant), um nicht alles Beliebige derselben bewährten Methode zu unterwerfen, sondern dieselbe Sache den beliebigsten Verfahren. Das aphoristische *Erkenntnisspiel* der Begriffe ist und hat weder eine formal geeichte Methode noch eine empiristische Stoffhuberei, sondern sie schillert zwischen Binsenwahrheit, versucherischen Irrtümern und berückenden Verrücktheiten. Der Leser entscheidet, was der Aphorismus taugt, nicht die Untersuchungsmethode. Aphoristik will sie nicht mit neuen Gewissheiten beliefern, sondern philosophische Experten des Staunens ins Staunen versetzen und den „gesunden Menschenverstand“ in Verwirrung stürzen. Sie geht zurück auf den Sophisten Sokrates, bevor er in die Hände Platons gefallen war, der von Aristoteles systematisiert wurde, ohne auf Sokrates zurückzugehen.

Aber hat Hegel den bösen Schlegel jemals widerlegt?

Philosophen denken oft konventioneller, als es den Anschein hat und als sie selber glauben. Sie geben dem gesunden Menschenverstand zu schnell nach, um mit eingängigen Argumenten oder Gegenargumenten Anerkennung zu finden, und fürchten das Abseits inzwischen mehr als das Jenseits. Sie suchen eher zeitgemäße Plausibilitäten als unbegangene Pfade. Für Heidegger war der Mensch noch ein wesentlich „ver-rücktes Wesen“. „Wahr sind nur Gedanken, die sich selber nicht verstehen.“ (Theodor Adorno: „Minima moralia“, Nr. 122) „Eine (Philosophie), die nicht abstürzen kann in den Abgrund …

des Wahnsinns …, wird … potentiell Tautologie.“ (Adorno: „Negative Dialektik“, Frankfurt/M. 1975, Seite 45) An Benjamin faszinierte Adorno, der habe begrifflich gerettet, was sich an Wahrheit in der Schizophrenie anmelde. „Nur wenn man noch viel verrückter denkt als die Philosophen. kann man ihre Probleme lösen.“

(L. Wittgenstein) : Aphoristiker denken nicht zu verrückt, sondern Philosophen oft nicht verrückt genug, um uns und die Dinge angemessen zurechtzurücken. Der geistreiche Sophist spielt mit den Begriffen, die der Philosoph analysiert, und er spielt verrückt genug, um einer Wahrheit zuweilen näher zu kommen als mancher Philosoph. Heidegger sah in Gedichten und Gedankengebäuden „nachbarliche Stämme“. Warum hat er sein *Seynsgeschick* eher bei Hölderlin verfehlt als etwa bei Novalis gesucht? Auch Heraklits Rätselspruch war oder ist ein (Irren-)Häuschen des Seins. Ein Aphorismus gibt den anderen, nicht nur sein Gegenteil oder seine Variation, und der widersprüchliche Spruch anderer führt zu ganz anderen Sprüchen. Er ist ein Denkanstoß auch für den Aphoristiker und umso besser, je weiter er von ihm wegspringt zu ganz neuen Gedanken. Dieses „Widerspruchsdenken“ aus der Sprache heraus ist Philosophie in Literatur und Literatur in Philosophie. Meine Idee regt an zu deiner ganz anderen Idee, eine Kettenreaktion von Gedanken entbindet geistige Energien. Sie lösen einander aus. So entsteht sogar etwas so Widersprüchliches wie ein *aphoristisches System*, das die eine unverwechselbare Physiognomie des Autors zeigt. Man kann einen Aphoristiker zusammenfassend charakterisieren, wie P. Krupka es mit dem Begriffssystem von St. Lec tat. Nichts wird bei einem Aphorismus an den fremden Aphorismus anderer erinnern, der für ihn Anlass, Auslöser und springender Ausgangspunkt war. Syntaktische und semantische Abgründe zwischen den Sätzen desselben Aphoristikers setzen sich fort in den Abgründen zwischen den gegensätzlichen Sätzen verschiedenster Aphoristiker …

Philosophische Rhetorik

Heraklit, der Dunkle, machte geschliffene Widersinnsprüche. Die Sophisten verkauften rhetorische Kunstgriffe, die Streitgespräche zu gewinnen. Sie entwickelten und entlarvten Paradoxe, Aporien, Antinomien, Fangfragen, Fehlschlüsse, Scherzrätsel und "stärkten die schwächere Seite“. Aufklärung relativierte absolut. Plato hielt fest, wie Sokrates die Kunst der dummen Fragen erfand, um Mitmenschen zum Geständnis zu bewegen, dass sie nicht wissen, was sie reden und tun. Die philosophischen Anekdoten des Diogenes Laertius bewahrten die dummen Sprüche der Epikureer und Stoiker, Skeptiker und Kyniker auf. Sophisten lassen jeden sich vor dem

Anspruch blamieren, wunders etwas zu wissen und zu können. Aristoteles bewahrt resistent gesunden Menschenverstand, der Realist beobachtet die Natur. Die Logik der Urteilsformen ist heute ein Spezialfall der Mathematik geworden. Die römischen Stoiker Cicero und Seneca schrieben glänzende Partien wie Plutarch. Descartes formuliert so 'klar und deutlich', wie er denkt; das „Ego cogito“ brillierte. Spinozas „Ethik“ ist voller paralogischer Formeln, Thesen als Sentenzenfeuerwerk. David Humes „Prinzipien der Moral“ sind glänzende englische Kunstprosa im Gefolge von Francis Bacons taciteisch funkelnden 'Essays', den Vorläufern der 'Essais' von Montaigne. Das "Lob der Torheit" des Humanisten Erasmus ist Glanzsophistik. Nur seine Jugendschriften bis zu den drei „Kritiken“ haben die von Kant schweren Herzens geopferte stilistische Rokokoeleganz Wielands ("Aristipp"). Fichtes rhetorisches Talent ist noch zu genießen in den "Reden an die deutsche Nation" und in der "Bestimmung des Menschen". Schellings Naturphilosophie ist Kunstphilosophie, nicht nur in den Aphorismen eine ‚ästhetische Theorie‘. Hegel hatte mehr Esprit, als ihm lieb war, erkannte Nietzsche : Er war der geistreichste der deutschen Philosophen − wider Willen. Der frühe Marx bis zur „Deutschen Ideologie“ bevorzugte konzise Diktion und schlagende Rhetorik, doch die späteren ökonomischen Werke sind nicht mehr geistreich wie Hegel. Schopenhauer und Nietzsche sind die stilistischen Goethes der deutschen Philosophie, fern des universitären Gelehrtenjargons. Kierkegaard war ein guter philosophischer Schriftsteller und erst recht gar kein fachgelehrter Theologe. Martin Heideggers philosophische „*Etymologik*“ ist in ihren besseren Partien von magischer Suggestion und ergibt neuen Sinn durch fast mechanische Wortverdrehungen und Wortspiele. Blochs alttestamentarischer Expressionismus hat eher deutschbarocke Gewitterwucht als aphoristische Eleganz. Der Stil von Jaspers wirkt nüchtern solide, beeindruckt durch unauffälligere Mittel wie Parataxe und Weglassen von Artikeln, sogar durch aphoristische Wucht. Aber auch das wird bisweilen Manier wie bei Bloch und ermüdet. Sartre schreibt filigran elegant, wo er wie Descartes denkt, aber er denkt plump, wenn er wie Heidegger schreibt. Das kunstvolle Ausspinnen der Mammutsätze bringt dialektische Kabinettstücke zustande. Theodor Adorno in seinen besten Partien bringt auf dem engsten Raum eines Schachtelsatzes kunstvoll verkürzte Montagen eleganter Aphorismen, Dialektik als „Konstellation“ nachromantischer Fragmente, die alles umkreisen.

Ästhetik

„Ästhetik" hängt zusammen mit griechisch „aisthesis", mit sinnlicher Wahrnehmung von Verborgenem, mit Anschauung einer verhüllten Gestalt. Hegel bestimmte Ästhetik als Lehre vom Schönen und das Schöne als 'sinnliches Scheinen der Idee'. Griechisch *idea* heißt: Gesicht, Aussehen. Wie einer wirklich aussieht, erscheint den fünf Sinnen und der Sinnlichkeit, wird Gegenstand einer 'Schau'. Freud 'schenkte' Marie Bonaparte (Verfasserin einer Psychoanalyse Edgar Allan Poes) die Beobachtung, der Ursprung des Schönen sei für den Menschen die mütterliche Brust, Ur-Objekt für Männlein wie für Weiblein. Die Urschönheit also ein sinnlicher Vorschein der Mutter in ihrer Brust, die sie dem Menschenkind gab? Das Ganze, die Mutter, durch einen Teil von ihr, die Brust, hindurch gesehen und genossen? Ist das Naturschöne eigentlich die Schönheit der Mutter Natur, das sinnliche Scheinen der Mutter in jedem mater-iellen Gegenstand auch der unbelebten, projektiv beseelten Natur? Beruht das von Kant hervorgehobene „interesselose Wohlgefallen" am Schönen auf dem Inzesttabu, das auf Mutter Natur liegt? Im Schönen erscheint das Unendliche in endlicher Gestalt, heißt es bei Ästhetikrheoretikern, das Ganze in einem seiner bevorzugten Teile, also pars pro toto oder auch totum-pro-parte. Das unendlich *Ganze,* die *ganze* Welt also, war ursprünglich für jeden Menschen seine Einheit mit seiner Mutter, die Vereinigung von Vater und Mutter, aus der er stammt. Jedes Menschenkind, sobald es erwachsen wird, macht diese Mutter-Kind-Ureinheit zu einem besonderen Gegenstand der 'Erkenntnis' unter anderen Objekten der Welt. Und in einer einzelnen fremden Frau, durch sie hindurch, liebt jedermann diese seine Mutter, die für ihn einst die ganze Welt war. In der Frau die Mutter 'erkennen' (und in der Mutter die Frau) : sinnlicher Schein der Idee des Ganzen in diesen besonderen weiblichen „Formen“? Die Geliebte, die Schöne, wird dann als einzelner Mensch dein Ein und Alles. *Das* Schöne ist ursprünglich *die* Schöne. Liebe will im Schönen zeugen, sagt Platos Diotima zur Hebamme Sokrates, und das Schöne an der Schönen ist das, was anamnestisch an die Mutter erinnert, an den vorgeburtlichen Zustand im Mutterleib der Natur. Alle Kunst ist primär 'Liebeskunst', ars amandi. Das Kunstwerk lebt nicht von der Enthüllung, sondern eher von der Verschleierung unbewusster Bilder und Regungen, von enthüllender Verhüllung und verschleiernder Art von Entdeckung und Aufdeckung. Sein Spiel mit Betrachtern und Figuren ist Liebesspiel und zweideutig. Die geliebte Frau lockt den Mann von seiner Mutter weg, und was ihn lockt, ist ja doch nur, was ihn in ihr an die Mutter erinnert. Diese „Aura“ meint das Fremde im Eigenen und das Vertraute im Anderen. Benjamin sah es im Kunstschönen heute verschwinden, wo Liebeskunst zu Liebestechnik wird und die menschliche Reproduktion selbst nur technisch reproduziert wird : Technische Vervielfältigung aller Akte, in denen Menschen sich vervielfältigen und fortpflanzen. — Aber der Ort der Einheit von Wahrem, Gutem, Schönem und Heiligen ist nicht preiszugeben.

Die logische Form einer Aussage z.B. sagt aus, wie ein Einzelner zu einer Gesellschaft gehört, zu einer Familie von Wesen gleichen Ursprungs. Das Urteil verurteilt das Individuum zur Gemeinschaft und Verwandtschaft, ursprünglich aus der Herkunft aus gleicher Mutter Natur oder gleichem Vater im Himmel heraus. Ontologie, Erkenntnistheorie, Logik, Theologie, Anthropologie, Naturphilosophie, Kosmologie, Ethik, Ästhetik sind von hier aus in gleicher Terminologie zu fassen und zu sondern. Hier ist noch fast gar nichts geleistet, kaum anprogrammiert. Kurz : Es ist ein weites Feld auch für Aphoristiker und außereuropäische Moralisten, also für Satiren, aber auch für Idyllen, die nur Jean Paul großartig verbunden hat.

Lektüre-Empfehlungen:

Albert Menne : „Einführung in die formale Logik", Darmstadt 1985

Rudolf Carnap : „Symbolische Logik", Wien 1960[2]

Willard van Orman Quine : „Grundzüge der Logik", Frankfurt/Main 1974 (New York 1964)

Helmut J. Schneider : „Die Idyllen der Deutschen“,
Frankfurt/Main 1978

Renate Böschenstein-Schäfer : „Idylle“,
Stuttgart 1977[2]

Gunter E. Grimm (Hg.) : „Deutsche Naturlyrik“,
Stuttgart 1995

Harald Fricke : „Aphorismus“, Stuttgart 1984

Fritz Schalk (Hg.) : „Die französischen Moralisten“,
2 Bände, München 1974

Robert Zimmer : „Die europäischen Moralisten“,
Hamburg 1999

Friedemann Spicker : „Deutsche Aphorismen“,
Stuttgart 2010

„Aphorismen der Weltliteratur“ , Stuttgart 1999

„Kurze Geschichte des deutschen Aphorismus“,
Tübingen 2007

Lob des Altersstarrsinns

Seneszenz. Körperlicher Rückgang, biologischer Abbau, agitierte Passivität. Endphase von Abnutzung und Verschleiß, Schwächung, Schrumpfung, Verblödung, dementielle Immobilität und sklerotische Labilität. Inkontinenz, Impotenz, Demenz, Sinnesschwächen. Schlaganfälle, Herzinfarkte, Krebstumore …

Das praktische Defizit psychophysischer Defekte als theoretische Chance? Mit Genesis 25,8 und Hiob 42,17 *altersmild und lebenssatt* sterben? Altersweisheit als Jugendtorheit? Gewinnt das Alter durch leibliche Schwäche mehr Zeit für geistige Tatkraft? Sind Alter, Krankheit und Tod wirklich buddhistische „Götterboten“, die zur Nachdenklichkeit anhalten, oder kann auf altersschwachem Körper nur ein Schwachkopf sitzen? Alter macht aus der Not eine eigene Tugend und zieht sich aus weltlichem Treiben zurück in gelehrte Einsiedelei, vom Materiellen ins Spirituelle? Beginnt schon Besinnung, wenn die Begierden nicht mehr frustriert werden, sondern langsam nachlassen? Warum also über die Beschwerden eines Hochalters jammern, das man lebenslang nur zu gern erreichen wollte?

Was ist schwerer zu ertragen, das Zurückliegen des Lebens oder das Bevorstehen des Ablebens?

Endet die totale sozialstaatliche Alterssicherung in Ver(bl)ödung, Verknöcherung und Vereinsamung? Zu bald zu alt : Der Alte als Geck, Geizhals oder Misanthrop? Heißt der Altersstarrsinn im Mannesalter prinzipientreue Standfestigkeit und im Alter die Flexibilität der Jugend nur fixer Wankelmut? Ist Leichenstarre *(Rigor mortis)* Altersstarrsinn?

Warum sollte jemand zum Ende seines Lebens nicht klüger geworden sein als in allen Jahren davor, besonnener, distanzierter, ja, auf- und abgeklärter? Warum soll er bis zum letzten Atemzug auf ebenso rastloser wie vergeblicher Suche geblieben sein, voll ergebnisoffener Zweifel, volatil unsicherer Vorläufigkeiten und vitalistischer Unfertigkeiten? Eine Suche ist so wenig ein Wert an sich wie eine Richtung. Der Sinn einer Wegrichtung ist ein Ziel. Der Sinn des Suchens ist das schließliche Finden eines Gesuchten oder eines Ungesuchten und die Beruhigung eines endlosen Fragens in einer zu Recht zufriedenzustellenden Antwort.

Die gefundenen Resultate dürfen ja gern halboffen bleiben für mögliche Revisionen, Meliorisierungen und Irritationen, aber wenn keine triftigen Infragestellungen mehr auftauchen sollten, müssen sie nicht um ihrer selbst willen an den Haaren herbeigezogen werden, um einen Schein von ewiger Lebendigkeit aufrecht zu erhalten. Wer zum Beschluss seines Lebens ausreichend verlässliche und rational stets verfechtbare Geistespositionen errungen hat, darf guten intellektuellen Gewissens an ihnen festhalten, wenn weiter keine unvorhersehbar ernsten Gegenargumente sich mehr einstellen wollen. Nicht jede neumodische Quisquilie darf dann diese gewissenhafte Frucht lebenslanger Bemühungen mehr umstürzen können. Es müssen schon sehr gewichtige neue und bisher nie berücksichtigte Einwände sich anmelden, um noch einmal diesen schwierigen Prüfungsprozess füglich in Gang setzen zu dürfen. Warum soll der Altgewordene sich nicht ausruhen dürfen, weniger auf eitlen Lorbeeren als auf seinem abgesicherten Weltbild, seinen Grunderkenntnissen, (A-)Prioritäten, Normenkatalogen, Zwecksetzungen und verfeinerten Geschmacksurteilen? Wer nicht seine Fahne nach dem allerfrischesten Wind richtet, um mit den Jungen unreif zu bleiben, leidet noch nicht an Marasmus oder ist noch nicht scheintot.

Man hat sich dann von der Welt und seinem Leben nicht nur ein besonderes Bild gemacht, sondern auch einen allgemeinen Begriff, der mehr wert ist als dieses. *Cum grano salis* weiß man nun halbwegs, was von allem zu halten ist, wie es einzuordnen und zu bedienen ist, woher es kommt und worauf es hinausläuft, mit vorsichtigem geistigem Vorbehalt, aber ohne den zappligen Zickzackkurs der Jüngeren, ihre naive Dauersehnsucht, verabsolutierten Teilwahrheiten und voreiligen Etappenendgültigkeiten. Die Chance des gelingenden Alters ist die belastbare *Theory of everything*, der kühle *view from nowhere* auf das Gestöber und Gemetzel um einen herum, über allen Perspektivwahrheiten und pragmatischen Reduktionen. Das Alter wird „mikrologisch“ und

dogmatisch, der sturköpfige Kleinkrämer erwartet uns am Ende, heißt es. Starre Dogmen starrsinniger Greise. Nicht nur kirchliche Dogmen, Chesterton hat daran erinnert, sind aber keine verknöcherten Vorurteile, sondern eher leuchtend klar verdichtete Überzeugungen und Beweisgänge, komprimiert auf übersichtlich handliche Formeln. Dogmen sind doch wenigstens bestreitbar klar formuliert, anders als die heute gängigen, modisch windelweichen Meinungslaunen, anders als die schwammig laxe, *tolerante* Unfähigkeit, sich festzulegen und das Begründbare gut zu verteidigen gegen entschieden kompetente Angriffswellen. Ein Lehrer, der nicht dogmatisch ist, ist nur ein Lehrer, der nicht lehrt – lehrte Pater-Brown-Erfinder Gilbert Keith Chesterton.
Wollen nicht selbst forsche Forscher zu gesicherten Endergebnissen kommen, zu unerschütterlichen Erkenntnissen, zu haltbaren Theorien, ewig gültigen Gesetzen? Werden stets mit jungbewegten Mitteln nur greisenhafte Ziele angesteuert? Kommt mit dem Alter aus Ansichten und Absichten endlich die begründete Aussicht auf Einsicht und Übersicht? Der Greis liegt noch nicht, er steht wie eine Eins, geht langsam und gibt nicht jedem Windstoß nach.

Wie bleibt der (denk)würdige Greis so geschmeidig jung wie möglich, ohne gleich ein Narr zu werden? Emanuel Wertheimer schrieb : „Geist ist die Jugend des Alters.“ Also wäre ein Aphoristiker der ideale Graukopf und umgekehrt ein menschenwürdiger Greis der bessere Sprüchemacher am Ende?

Das Bonmot ist der Königsweg, dem Tod elegant auszuweichen – für seine kurze Weile. Für Längeres fehlt schon die Lebenszeit, aber auch die Geduld. Um Aperçus zu finden, muss man genug wissen und alt genug sein, doch nicht so alt, mit seiner *Altersweisheit* kein leichtbewegtes Spiel mehr zu treiben. Wer anders als der Alte kann das sattsam Allzugewisse und Vielgewendete noch einmal probeweise wieder aufs Spiel setzen, übermütig leichtsinnig mit den gesichertsten Beständen wie mit bunten Bällen jonglieren, gleich einem Gaukler, und unerwartete Funken aus ihnen schlagen, von überlegener Warte eines Aussichtsturms aus. Eine Verbindung von Biegsamkeit und Starrköpfigkeit macht das geistige Tänzchen mit eigenen und fremden Festbegriffen erst wirklich möglich, wenn genug inneres Spielmaterial und Glasperlenberge aufgehäuft sind und konsolidiert in den endlosen Gängen der Privatarchive lagern, bereit für die aberwitzigsten Querkombinationen zwischen einander fernliegendsten Teilbereichen. Der lebendigste Verkehr zwischen den toten Speicherräumen des inneren Imperiums kann beginnen, genug Masse ist endlich verfügbar, sauber abgeheftet. Dieser tote Besitz erwacht zum geistigen Leben und lädt Interessenten ein, sich am Wechselspiel mit zu erfreuen. Alles ist schon fix und fertig – zum letzten Spiel mit allem. Ist das der mögliche Sinn eines langen Lebens oder Unsinn? Gebrechlich, verbraucht, pflegebedürftig, intolerant, verhärmt, verbittert : eigenbrötlerische Sozialleiche? Jean Améry sah 1968 das totale Scheitern des Alters nur hinter Illusionen von *mauvaise foi* gut versteckt.

Unentwegt Alterskreative seien nur Ausnahmen, die die schwarze Regel bestätigen: Resignation überlebe klarsichtig die Revolte. „Das Alter ist ein Massaker“ *(Philip Roth)* und nicht nur ein „Gebirge“ *(Martin Walser)*. Und de Beauvoirs sozialistische Hoffnung auf „La viellesse“ (1970) in Würde, war sie nicht ebenso trügerisch wie auf „Le deuxième sexe“ (1949) ohne Kinder in Büros und Fabrikhallen?

„Im Alter ist Unabhängigkeit eine Art Sklaverei.“
(Casanova, Memoiren 18)

„Es ist immer erbaulich, sich zu überzeugen:
dass im hohen Alter die verständige Vernunft,
oder, wenn man will, der vernünftige Verstand
sich als Stellvertreter der Sinne legitimieren darf.“
(Goethe an Zelter, 16. 12. 1829)

„Die Wissenschaft ist ein Produkt des gereiften Alters.“ *(Francesco de Sanctis)*

„Alte Leute haben keinen Respekt andern gegenüber, sie kennen das Leben.“ *(J. Bobrowski, Idylle)*

„Das Leben wird gegen Abend, wie die Träume gegen Morgen, immer klarer.“
(Karl Julius Weber, Demokritos)

„Das Alter macht nicht kindisch, wie man spricht,
es findet uns nur noch als wahre Kinder.“
(Goethe, Faust I)

Das Unikum und seine Unikate

Die meisten Intellektuellen, die sich heute Außenseiter nennen oder für Außenseiter angesehen werden, sind gar keine. Als Außenseiter sind sie ja Insider, als *outcasts* sind sie *in*, als prächtige Originale sind sie integriert ins große Ganze, das sich seine tolerante Liberalität so einmal mehr bewiesen hat, daß es den krassen Outsider nicht ausgrenzt. Und die Übrigen sind nicht ausgeschlossen, weil sie genialisch in kein Team passen würden, sondern weil ihr Beitrag die qualitative Mindesnorm formell und inhaltlich nicht erfüllt. Der traurige Rest, der in keine der vorgesehenen Branchensparten gehört und nicht einmal für alle die Rolle des abschreckenden Beispiels spielen will, wie man es nicht machen soll und wohin das führt, der ist wirklich „außen vor", gibt auf oder wird wirklich langsam so absonderlich, wie er eingestuft ist, als *Sonderling*.

Ein „Geistes-Arbeiter", der weder Kultur- noch Lehramts- noch Parteikarriere macht, ist völlig isoliert in jeder Gesellschaftsklasse. Wenn der Plebejer seine Herkunftsklasse nicht verraten und bürgerlich nicht reüssieren will, wenn er Sozialist weder innerhalb noch außerhalb der Partei sein will, wird die Luft um ihn herum immer dünner.

Vielleicht hat er sich einige Semester lang ziellos auf einer Universität herumgetrieben, ohne dort auf einen Beruf hin zu studieren. Niemand weiß etwas mit ihm anzufangen, am wenigsten er selbst.

Er hat keinen richtigen „Stallgeruch“, er hat schon nicht das richtige Gymnasium besucht, er gehört zu keiner Seilschaft. Er ist ein komischer Kauz und komischer Heiliger, eine peinliche Erscheinung, ein Spinner und "Spökenkieker". Unverdrossen überschwemmt er die Verlagslektorate und Zeitschriftenredaktionen mit seinem hirnverbrannten Blödsinn auf Hunderten von Schreibmaschinenseiten, die ungelesen zurückgeschickt werden, wenn sie nicht in den Müllkorb wandern. Wenn er nicht wirklich der Irre geworden ist, als der er gehandelt wird, verdankt er das der Tatsache, dass er sich nicht schon deshalb für ein verkanntes Genie hält, weil niemand ihn will. Und diesen Rest an Verstand verdankt er wiederum seiner Frau, die ihn immer wieder auf den Topf setzt, wenn er sich zu verrennen droht. „Große Männer“ sind häufig zu Lebzeiten verkannt, aber nicht jeder Übersehene ist deshalb schon ein großer Mann.

Angenommen, er folgt nicht gutgemeinten Ratschlägen und gibt nicht auf, sondern macht auf eigene Faust und Kosten weiter, ohne Stallgeruch und Seilschaft, ohne nützliche Beziehungen und gute Referenzen, ein Nichts und Niemand, eine einzige lächerliche Prätention. Wenn der proletarische Schriftsteller nicht für die eigene häusliche Schublade schreiben will, sind seine Manuskripte nichts als Bumerangs, die unverrichteter Dinge an den

Kopf zurückfliegen, aus dem sie kommen.

Wirklich parteilich engagiert ist einer, der Partei ergreift gegen die Partei. Wirklich gefürchteter Außenseiter ist der Abtrünnige der eigenen Partei, ist nicht der engagierte Parteigänger, sondern der degagierte Einzelgänger. Der Hass der Herrschenden, Ludwig Marcuse hat es gespürt, richtet sich auf das, wohin niemand will : auf den Elfenbeinturm. Er ist die wahre Festung gegen die Belagerer unserer Zeit. Das verdächtige Individuum, das zweifelhafte Subjekt, weder gesellschaftlich noch gegengesellschaftlich zu fassen, weder kulturell noch gegenkulturell eingemeindet und mobilisiert weder von Bewegungen noch von Gegenbewegungen, ist die geheime Zielscheibe aller Mächtigen.

Dein Hals ist wie ein Turm aus Elfenbein, heißt es im Hohelied Salomonis von der Geliebten. Der proletarische Philosoph sitzt im Elfenbeinturm der Sophie oder in seiner Tinte.

„Heiterkeit, güldene, komm!" (Nietzsche)

Ernst ist das Leben, heiter sei die Kunst, souverän darüberzustehen, ohne aufzuhören, es bitter ernst zu nehmen. Die Heiterkeit nimmt den Ernst des Lebens ernst, aber nicht allzu ernstlich. Sie macht sich nicht lustig über alles, findet es aber etwas lächerlich, ihn nicht auch etwas lächerlich zu finden. Gelassenes Geständnis der eigenen Unterlegenheit und heiteres Darüberstehen zugleich : Lachen ist ein befreiendes Triumphgefühl über eigene Ohnmachtsanfälle.

Heiterkeit ist ansteckend und kann Einverständnis und Gemeinschaft stiften. Ihre bevorzugten Mittel sind *Komik, Witz* und *Humor:* Sie schaffen Situationen, die Heiterkeit erzeugen und zum Lachen reizen. Laut Kant ist Lachen das plötzliche Entladen einer "gespannten Erwartung in Nichts". Heiterkeit und Gelächter aber sind keine bloßen Ventile.

Komisch wirkt es z.B., auf unterschiedlichste Herausforderungen mit immer derselben unangemessen mechanischen Art zu reagieren, weil keine andere Möglichkeit zur Verfügung steht : Der lebendige Mensch agiert wie eine leblose Maschine u. u.

Komik verteilt sich auf zwei verschiedene Personen: eine unterlegene komische Person, die den Schaden hat, und ein überlegener Komiker, der den Spott hat.

Man vertraut darauf, nicht mit der belachten Person mitzustürzen, sondern auf sie spöttisch herabblicken zu können. Humor entsteht am krisenhaften Ausgang des Mittelalter. Der Geistliche Lawrence Sterne mit seinem skurrilen *Shandyismus* war ein unüberbotener Meister darin. "Die Pickwickier" von Charles Dickens sind ein gutes Beispiel aus dem 19. Jahrhundert.

Schopenhauer entwickelte im 8. Kapitel seines philosophischen Hauptwerks „Die Welt als Wille und Vorstellung" eine Theorie der Heiterkeit. Er nennt z.B. "die Grabinschrift eines Arztes: ´Hier liegt er, wie ein Held, und die Erschlagenen liegen um ihn her´: – es subsumiert unter den dem Helden ehrenvollen Begriff des ´von Getödteten umringt Liegens´ den Arzt, der das Leben erhalten soll."

Die (konkrete) Ausnahme verletzt die (abstrakte) Regel und bestätigt sie zugleich : Etwas fällt unter seinen Begriff *und* sprengt ihn in ein und derselben Bewegung. Dass die gestrenge Lehrmeisterin Logik einmal kurz veräppelt wird, macht uns lachen, und das ist der Witz bei der Sache.

Wer den Witz kapiert, lacht über sein kurzes Ausrutschen, das sich in derselben Sekunde schon wieder fängt. Die übermütige Herrin Vernunft blamiert sich einmal kurz vor einer schnöden sinnlichen Regung. Für eine Sekunde wird das innere Gleichgewicht in Frage gestellt, wird die innere Gewissenszensur überlistet, passt nicht auf, und der verpönte aggressive oder auch sexuelle Triebimpuls kommt zu ungeschmälerter Geltung.

Witz sei ein „ersparter Hemmungsaufwand", befand Sigmund Freud, und Humor sei „ersparter Gefühlsaufwand" : Du traust dich, einem überwältigenden und umwerfenden Gefühl dich zu überlassen, das mit dir Schlitten fährt; du lässt dir von ihm die Fassung rauben und gewinnst sie in nächster Sekunde zur Belohnung doppeltversichert zurück. Der ordentliche Gedanke stolpert über ein chaotisches Gefühl und übersteht es zum Glück recht gut, voller Erleichterung.

Es ist wie beim heute beliebten extremsportlichen *Bungee-Springen*. Du stürzt dich aus einer Höhe am elastischen Sprungseil in die Tiefe und gewinnst durch den freien Fall die Energie für den rettenden Wiederaufschwung, wieder und wieder, und genießt deine eigene Angstlust. Heiterkeit ist das Triumphgefühl dessen, der sich einem fassungslos machenden Gefühl freiwillig zu überlassen wagt, um sich seiner unverletzten Überlegenheit einmal mehr zu vergewissern. Der Neophänomenologe Hermann Schmitz hat Komik, Witz und Humor beschrieben in „Der unerschöpfliche Gegenstand" (Bonn, 1995).

Du überantwortest dich einem Gefühl, das dich überkommt, wo du ernstlich drohst, vor Angst zu vergehen, vor Scham im Boden zu versinken, vor Schmerz zu erstarren, von Panik überschwemmt zu werden, in Tränen zu zerfließen, kurz : deine Fassung völlig zu verlieren, und – gewinnst deine Souveränität, die du aufs Spiel gesetzt hast, frisch bestätigt zurück. Du riskierst das Untergehen und behältst Oberwasser zugleich, bleibst ein bisschen Regisseur deiner unverleugneten Niederlagen und Schwächen.

Hesses klassizistisches „Glasperlenspiel“ einer *Ars Magna* à la Leibniz will 1943 hochgeistigste Heiterkeit erzeugen, während das Abendland untergeht. „Heiterkeit, güldene, komm!“ schrieb Nietzsche, und „umsonst der Tag, an dem man nicht wenigstens einmal gelacht hat.“ Er verlachte im Leben aber so viel vermeintlich Irriges, dass es am Ende ein irres Gelächter wurde, das viele Mitlachende bis heute in die Irre geführt hat. Manche freilich kehren nie zurück ....

Nun sei doch mal still ruht der See!

Remmidemmi oder Ruhe und Ordnung?

„Die größte Offenbarung ist die Stille.“
(Lao-Tse, 6. Jahrhundert v. Chr.?)
„Wenn wir die ersehnte Ruhe endlich haben werden, werden wir nichts mehr von ihr haben.“
(Marie von Ebner-Eschenbach, 1880)

„Großstadtbewohner sind Menschen, die die Stille oft mehr aus der Ruhe bringen kann als der Lärm.“ *(Werner Mitsch)*

Kein Geringerer als *Michel de Montaigne,* der Erfinder des Essays, hatte um 1580 diesen sprunghaft assoziativen Essay-Stil ausdrücklich schon vorweg gerechtfertigt. Von der Ruhe soll man ungeduldig reden und ruhig von der Unrast.

Mancher schreit : „Ruhe !!!“ Ein leichtes Paradox: Wer über Stille spricht, verletzt sie schon. Das bloße Wort „Ruhe“ beendet sie bereits. Wer das Stillschweigen zum Thema macht, muss es brechen, ob er will oder nicht. Der nicht nur von Brecht sehr bewunderte populäre Kabarettist *Karl Valentin* sagte vor achtzig Jahren auf der Bühne: „Ich sach´ nix. Das wird man ja wohl noch dürfen.“ Gab er Ruhe?

In meinen Mund kommen Speis und Trank, aus meinem Mund kommen Worte und Laute, und Jesus fragte, was reiner sei : das, was reingeht, oder das, was rausgeht.

Die Weisheit aller Zeiten hat das Thema eigentlich ziemlich erschöpft und will nur noch beherzigt sein.

Wenn der übersensible Port-Royal-Jansenist *Blaise Pascal,* einer der Erfinder der Wahrscheinlichkeitstheorie und der Rechenmaschine, im 17. Jahrhundert in den Himmel schaute, schreckte ihn in den berühmten Fragmenten das „Schweigen der unendlichen Räume“. Ihn beruhigte nur, dass ihr Schöpfer dieses Schweigen einst gebrochen und ihm widersprochen hatte. Das ganze Elend des Menschen komme daher, dass er nicht ruhig in seinem Zimmer sitzen (bleiben) könne, sagen Pascals „Pensées“, die erst posthum veröffentlicht wurden wie Lichtenbergs „Sudelbücher“.

Ein Arthur *Schopenhauer* präzisierte 1851 in seinen ebenso berühmt gewordenen (eher essayistischen als aphoristischen) „Aphorismen zur Lebensweisheit“, dass der gewöhnliche Durchschnittsmensch, diese „Dutzendware der Natur“, lebenslang nur zwischen Leiden und Langeweile ruhelos hin und her taumle. Aus dem Überdruss könne ihn laut Schopenhauer nur die nackte Not befreien, und sobald die Lebensnot behoben sei, langweile er sich erneut zu Tode. Zerstreuungen und Vergnügungen helfen aus diesem Teufelskreis nicht sehr lange heraus. Tobt der Wille, flieht die Stille. (Nur eine kleine Pille bringt noch kurze Stille.) Allein den *happy few* Stendhals sei der Ausweg offen in ein geruhsam „geistiges Leben“ in Künsten und Wissenschaften.

„Im Anfang war das Wort“, nicht das Schweigen (oder das Wort „Ruhe!“), „und das Wort war bei Gott“, sagen die biblischen Schriften. Der Ewige schuf die Welt durch Sein Wort aus dem Nichts, heißt es. Er hielt nicht still, Er beendete die ewige Stille, indem Er das All aus dem Tohuwabohu buchstäblich *hervor-rief.* Sein „Wort zerschmeißt Felsen“.

Ruhe heisst ja Zweierlei : kein Lärm und keine Bewegung. Sei still und halt still und den Mund! Was ruhig ist, das lärmt nicht und läuft nicht. Doch Stillschweigen, wo Reden nötig wäre, brächte Stillstand und damit Rückgang. Der heutige „Ruhestand“ ist gar kein Stillstand mehr, ganz im Gegenteil. Arme Rentner und reiche Pensionäre schreien und rennen um die Wette. „Wer rastet, der rostet“, eifert der Volksmund, nie um ein Wort verlegen, bis heute. Wenn Friede und Freiheit herrschen, dann herrschen sie auch über uns. Auch Stille herrscht – über uns. Wie ein Diktator? Wo Friede herrscht, da herrscht Totenstille, als hätte man seine Feinde erschlagen.

„Alle Räder stehen still, wenn dein starker Arm es will“, lautete eine Parole aus der frühen Arbeiterbewegung des 19. Jahrhunderts. Daran ließen sich auch Arbeiter des 21. Jahrhunderts tunlichst wieder erinnern. Alles Maschinenstürmer im Wasserglas?

In Deutschland ist das „beredte Schweigen“ so beliebt, dass das Schweigen am liebsten lang und breit und gründlichst beredet und zerredet wird, bis es weg ist. Viel häufiger jedoch ist das Gerede nichtssagend als das Schweigen beredt:
Es verschweigt, was es alles verschweigt.

„Still“ kommt etymologisch von „stellen“ und meint eigentlich „stehend, unbeweglich, ruhiggestellt“. Schon im Althochdeutschen wird das Adjektiv in der Bedeutung von „ruhig, schweigend, verborgen“ gebraucht. „Im Stillen“ heißt so viel wie „unbemerkt“. Wer ein Kind stillt, säugt es und bringt es zum Schweigen, sobald es vor Hunger und Durst schreit. Die Babys stillt man mit Muttermilch oder Schnullern, die Erwachsenen mit höherprozentigen Äquivalenten dafür.

Das buddhistische „Stumm-Zen“ will kein Stumpfsinn sein, sondern die kreischenden und springenden Affen des Lebens in uns durch Stillsitzen beruhigen. Der Normanne *Alain* (ein Pseudonym von *Émile-Auguste Chartier*) schrieb in seinen damals vielgelesenen „Propos“-Kolumnen, dass Kunst dazu da sei, den durch die Welt hervorgerufenen Tumult und Aufruhr in uns durch ordnende Form willentlich zu besänftigen.

Man hat von akustischer Verseuchung der modernen Welt gesprochen, mit Popmusik, Reklame, Autolärm und Marktschreiern aller Art, aber auch von überfordernder „Akzelerierung“ aller gesellschaftlichen Prozesse. Doch vielleicht können wir inzwischen, suchtgewöhnt, die „dröhnende Stille“ und die Immobilität des arbeitslosen Ruhestands auf Dauer noch schlechter ertragen als Dauerkrach und ewige Hetze?

Ohne stete technische Fortschrittsbeschleunigung kein Wachstum, ohne Wachstum weder Wohlstand für viele noch Naturschutz für alle; es gibt kein Entrinnen für den, der nicht wieder in die schlimme alte Zeit zurückwill. Alles wird lauter und schneller, "keine Ruh bei Tag und Nacht" (*Mozart*). Auch die

Liebe raubt uns ja den Schlaf, den ein verordneter Beischlaf kaum noch zurückbringt.

"Ruh und Rast ist halbe Mast", doch "stete Ruh macht müde Beine". "Über allen Gipfeln ist Ruh´" nun vorbei, doch "warte nur, balde ruhest du auch" auf ewig. "Der Tod macht stille Leute", und "stille Wasser" können sehr flach sein. "Ruhe in Frieden" auf dem Friedhof, doch vorher "immer mit der Ruhe – und dann mit´m Schwung"? *Theodor Körner* dichtete: "Die Ruhe tötet; nur wer handelt, lebt" und schafft und rafft sich zu Tode.

"In der Ruhe liegt die Kraft" wie die Kraftlosigkeit. Bei der Ruhe kommt oft gar nicht viel mehr heraus als bei der Unrast, ein jedes bereitet meist nur aufs Gegenteil vor. "Wechselnd in Müh´ und Ruh´ ist alles freudig", doch "friedlich und heiter ist dann das Alter" für den armen *Hölderlin* ja nicht geworden in seiner Lebensabendphantasie, fern "des Markts geschäft´gem Lärm". *G. E. Lessing* in „Emilia Galotti“ wusste : "Ruhig sein können und ruhig sein müssen, kommt es nicht auf eines?"

Ein Erhard Blanck weiß : "Stille macht uns Angst, Angst macht uns stille." Ruhe und Stille sind uns wohl nur erträglich als passagere Erholungspausen zur Regeneration verbrauchter Kräfte vor erneutem Gemache und Gerenne. Kurz : Man erwarte von der vielbeschworenen "Entschleunigung" nicht so viel mehr als von der verteufelt lautstarken Unrast, also lediglich ein bisschen mehr Effektivität.

Sobald die Begierden und Ängste ruhen, sind die meisten von uns wohl nur ihrer inneren Leere ausgeliefert, die ihnen schnell so unerträglich wird, dass sie sich in Tun und Machen retten und in hektisches Getümmel. Diese innere Leere, die sie finden, gilt als ihr "wahres Selbst", das sie suchen. Manche sagen, ihre Unruhe werde erst gestillt am Busen der Leihmutter Natur, im bukolischen *locus amoenus* schöner, menschenleerer Landschaften. Aber faules Dösen im sonnigen Süden ist oft voller Stechmücken, Kindergeschrei, Volleyballspieler und macht stumpfsinnig müde.

Von Aristoteles über Kant bis Schopenhauer priesen Philosophen die "Meeresstille des Gemüths" ohne tobende Leidenschaften, die nur Leiden schaffen. Erst die industrielle Neuzeit setzte voll und ganz auf geräuschvolle *action in permanence*, faszinierend fasziniert und betört von aller technischen Rasanz. Wer selber Laut geben will, heißt andere still sein.

Ein *Jean-Paul Sartre* engagiert : „Autoren reden, um Schweigen zu erzeugen." – "Ordnung, Stille, Luxus und Lust" galten 1857 dem Poeten *Charles Baudelaire* als Synonyme. Da er sein erniedrigendes Familienschicksal still ergeben hinnahm, ohne sich zu wehren, rief der unheilbare Dynamiker Sartre ihm kopfschüttelnd nach : "Jeder hat nur das Leben, das er verdient."

Stillschweigen macht selten sprachlos (kehlkopflos). Ist dröhnende Stille nichtssagender als Eintönigkeit?

Heimtier oder Tierheim?

Domestiziertes im Domizil

Es gibt viele Tiere, viel mehr Tiere als Menschen. Sie teilen sich in Raubtiere, Herdentiere, Untiere, Nutztiere, Futtertiere, Stalltiere, Faultiere, Arbeitstiere, Versuchstiere und Schoßtiere. Man unterscheidet wilde Tiere von domestizierten Zuchttieren und überzüchteten Hätschel-*Pets*. Nur die letzteren werden heute Heim- und Haustiere genannt. Der Mensch hält sich seit Olims Zeiten gezähmtes Getier im Stall oder Haus. Mensch und Tier unter gleichem Dach ging jahrtausendelang gut. Aber auch bei Landwirten (Agrartechniker) liegt Kuh- und Pferdestall heute meist nicht mehr im eigenen Wohnhaus. Aus medizinisch-hygienischen Gründen, damit die Tiere nicht unsere Krankheiten bekommen, und etwas Distinktion muss ja schließlich sein, trotz Darwin.

Die Tiere wurden nie gefragt, aber man geht davon aus, dass sie freudig zugestimmt hätten, des zivilisatorischen Komforts wegen. Haustiere müssen sich ihr Futter in freier Wildbahn nicht mehr selbst erbeuten; dafür willigen sie ein, sich von ihren Haltern ausbeuten zu lassen als abgerichtete Schutzbegleiter, lebende Alarmanlagen, geborene Lebensmittel, Ersatzteillager, lebensechte Kinderspielzeuge und evolutionsgeprüfte Psychotherapeuten ihrer

Besitzer. Laxe Tierschutzbestimmung ermöglicht eine gewissensbetäubend „artgerechte“ Massentierhaltung. (Ungequälte Tiere schmecken uns einfach besser.)

Als Haustiere beliebt sind bissig treue Hofhunde, kadavergehorsame Schoßhündchen und schmiegsam eigenwillige Rattenfängerkatzen, bunte Paradiesvögel, possierliche Goldhamster, goldige Meerschweinchen und schmackhafte Hausschweine, nervenberuhigende Aquariumfische, Acker- und Turniergäule, edle Schlachtrösser (erst Schlachtfeld, dann Schlachthof) und dilettantische Steckenpferde, dumme Gänse, dumme Kühe und schon prestigeträchtigere Giftreptilien.

Der pessimistisch misanthropische Philosoph *Arthur Schopenhauer* zog seinen Pudel "Atma" (Weltseele) bekanntlich jeder menschlichen Gesellschaft vor. Wenn er seinen vierbeinigen Lebensgefährten einmal ausschimpfen wollte, herrschte er ihn an: „Du Mensch du!"

Zur künftigen Vergangenheit des widerwärtigen gegenwärtigen Autowahns

Das Automobil überlebt sich bereits selbst. Seine Besitzer wissen es nur noch nicht, dass sie schon seit geraumer Zeit in untoten Leichen als Gespenster durch die Gegend rasen. Das verflossene 20. war das Jahrhundert der PKWs, und ihre heutigen Fahrer spuken noch immer im 20. herum und finden nicht die Kurve heraus. Alle Autofahrer sind inzwischen Geisterfahrer, die den welt-erfahren Autofreien für einen Geisterfahrer halten. No Exit to 21. century.

Wenn jeder Haushalt der Welt mindestens einen einzigen eigenen PKW besäße, ließen allein die nötigen Verkehrswege nicht mehr genügend Ackerland übrig für die Ernährung der Menschheit, wurde errechnet, und jede Person hat ja bisher ein unverbrüchliches Recht auf so viele Automobile, wie sie sich finanziell leisten kann. Das allein sagt schon alles gegen den globalisierten *Individualverkehr* per Skandaldiesel, Benziner oder Superbatterie der Zukunft.

Das aktuelle Mediengequatsche und Polit-Hickhack um „Grenzwerte für Stickoxyde“ und „Feinstaubbelastung in Innenstädten“ geht schon an den Fundamentalprämissen vorbei, von der so prominenten „CO2-Übersättigung der Erdatmosphäre“ mal abgesehen – die wissenschaftlich ja noch gar nicht ausreichend gesichert scheint.

(Ohne hohen CO2-Gehalt der Luft ist vernünftiges Leben in angenehm warmen Regionen vielleicht kaum möglich, und wie weit der „Klimawandel" überhaupt *anthropogen* menschgemacht ist, scheint noch gar nicht entschieden, solange Erklärungsalternativen bisher nicht mit hinreichender Wahrscheinlichkeit auszuschließen sind. Sind die hysterischen Panikalarmisten nicht schon viel weiter als die seriöse Wissenschaft und verhindern dadurch geradezu, was sie doch angeblich erreichen wollen?)

Auch Umwelt-Elektromobile sind da nur fragwürdige Ausweichmanöver. Sie haben für Herstellung und Dauerbetrieb einen haushohen Energieverbrauch und Rohstoffverschleiß, der die globalen Vorräte bedroht, falls jeder Erdbewohner oder Haushalt mindestens ein einziges E-Mobil fahren möchte (und in Demokratien fahren dürfen muss). Oder soll gespeicherte Wind- und Solarenergie auch noch alle E-Autos speisen müssen?

Kurz : Die Zukunft wenigstens des PKW und des Individualverkehrs ist sein Verbot – falls künstliche Verteuerung nicht nur die vielen Armen treffen soll. Beschränkung des Automobils auf öffentliche Massenverkehrsmittel wie Bus und Bahn wäre zwingend notwendig, wenn die „Klimaziele" erreichbar bleiben sollen. (Mit wenigen eventuell vertretbaren und gesetzlich geregelten PKW-Ausnahmen für Notärzte, Polizisten, gewerblichen Lieferverkehr etc.)

Aber solche restriktiven Maßnahmen dürften noch auf lange Sicht wohl kaum parlamentarische Mehrheiten finden und Politiker, die dafür ihre Karrieren riskieren.

Höher als technische Barrieren scheinen psychologische Hürden für solchen *Paradigmenwandel* der etablierten Volksgewohnheitsrechte. Der PKW ist ein so privatpotentes Selbstverwirklichungsinstrument, psychosoziales Stützkorsett, rollendes Wutventil, legalisiertes Suizidmittel und demokratisiertes Statussymbol geworden, dass es denkbar schwerfallen wird, ihn dem Volk wieder wegzunehmen, ohne eine soziale Massenrevolution zu riskieren, die z.B. für den Sozialismus nie zu erreichen war.

Straßenpersonalverkehrsrecht ist kollektiver Grundkonsens seit einem ganzen Jahrhundert. Selbst Diktaturen garantieren lieber das Individualrecht auf PKW als die Menschenrechte.

Sobald die fortgeschrittenen Hochindustrienationen sich aus dem Auto herausschleichen, drängt der große bislang benachteiligte Rest der Welt erst herein. Bisher blieben Klimabelastung und Rohstoffraubbau durch Autos allein deshalb noch gerade erträglich, weil nur der kleinere und entwickeltere Teil der Erde jedem seiner Bürgerhaushalte den eigenen PKW garantieren konnte.

Die infantil(isierend)e und pubertäre Beziehung der Konsumenten zum eigenen Auto behindert und verhindert den generalisierten Massenausbau öffentlicher Verkehrsmittel. Wer einmal in seinem geliebten Blech-Uterus gefangen saß und sich dort als König fühlte, ist für rationalere Argumente fast schon unzugänglich. Und wenn ihm durch künstliche Intelligenz eine automatisierte Automobilität droht, fürchtet der Auto-Autist endgültig um seine vermeintliche Autonomie im Strassenblechpanzer. Statt zu Fuß zu gehen, sabotieren die verfetteten PKW-Krüppel in ihrem Massenstau die ureigenen Vorzüge des Autos noch durch nervenaufreibenden Stop'n-Go-Verkehr. Quousque tandem ... ?

Automobile sind Panzer : Defensive Stahlrüstungen und aggressive Angriffswaffen zugleich im täglichen Selbstbehauptungskampf, haben aber dem sesshaften Bürger nie zur genialen Beweglichkeit des weltgeschichtlich überholten Wandernomaden verholfen, sondern dieses rasende Auf-der-Stelle-Treten der Stau-Moderne beschleunigt. Der moderne Motortourist ist die Karikatur des von Gott biblisch favorisierten Paradiesnomaden. Die durch die Welt fahren, erfahren nichts.

Die fahrenden Stink-Krach-Mordwerkzeuge werden immer lebensgefährlicher und lächerlicher. Auto-Mensch-Einheit war ja die erste massentaugliche Roboter-Mensch-Symbiose, meint der Autor, der nie eines dieser überflüssigen Dreckschleudern und Schrottanwärter besaß. Jeder Autofahrer nimmt ja tagtäglich einen Mord an Mitmenschen billigend in Kauf, oder ist das etwa nur eine Karikatur?

Die Zukunft des PKW-für-jeden ist eher seine Selbstabschaffung als das halbherzige E-Mobil oder provisorische "Hybridauto", welches diese Wegrationalisierung nur etwas verzögert, aus Rücksicht auf die automobile Drogensuchtentwöhnung der motorisierten Psychosoziopathen. Die vielbeschworene e-mobile Wunderwaffe wäre nur so etwas wie die Methadon-Substitutionstherapie für uns hochgradig Autoabhängige, eine psychotherapeutische Übergangslösung und ein industrielles Moratorium, mehr aber auch nicht. Muss drohender Arbeitsplatzverlust von Vielen das Auto dann retten?

In der Freizeit scheint das heilige Auto sogar zumeist wichtiger noch als für den Beruf, und der vermeintliche *Gebrauchswert* ist da nur vorgeschoben. Unverzichtbarer ist der eigene PKW als eine Psycho-Prothese für Präpotenzzombies.

Die private Ökobilanz der *Berufsumweltser* sieht meist eher heuchlerisch aus. Sie selber fahren oft BMW oder Porsche und düsen professionalisiert um den Erdball, um „globale Klimaziele“ zu promoten (oder zu promotorisieren). Da plötzlich soll dann nicht mehr jedermann vor seiner eigenen Garage kehren, sondern erst einmal die ganze Welt resozialisiert werden, ehe die Top-Engagierten mal selber ... Dieser Witz bringt immerhin zum Lachen.

Kurz : **Die Zukunft des Autos ist seine Vergänglichkeit und Vergangenheit** – allerdings hartnäckig ökotechnologisch-fortschrittlich hinausgeschoben.

Was gibt und nimmt uns die *schöne Literatur*?

Ich kann nur noch Romane, Gedichte und Geschichten ertragen von Autoren, die zur Zeit der Abfassung nicht jünger waren als ich zur Zeit des Lesens.

Was gibt uns Literatur? **Es.**
Der Autor gibt **es** mir mal so richtig − mit seinem Werk, durch sein Werk hindurch und hinter ihm gut versteckt. Gibt er mir, was ich anderswo nicht kriege und abkriege − genug Bestätigung, Kontra oder Herausforderung? Bringt er mich vielleicht in Kontakt mit meinem Über- oder Unterbewusstsein?

Mit sprachlichen Kunststücken will man mich erfreuen und mir nützen? Sprache hat einen Leib aus sinnlichen Lauten und eine Seele aus leisem Sinn. Welche Wunder an überschäumendem Gefühl und spiritueller Anregung erwarte ich für mein Geld, und welch faden Plunder bekomme ich gewöhnlich? Nur spannende Krimis entspannen uns ja, und nur fesselnde Dramen machen mich freier.

Was macht man sich aus Literatur? Wir machen mit und aus Literatur, was sie mit und aus uns macht, behaupte ich. Diese geordnet tanzenden Laute und Lettern beschwören emotionsgeladene Bilder herauf. Solche atmosphärischen Gefühle packen uns hinterrücks und machen mit uns, was sie wollen. Ich fiebere mit gut Formuliertem : Furcht beschleicht mich, Angst oder Wut packt mich, Freude überwältigt mich, Schrecken und Trauer lähmen, Schmerz versteinert ... selbst Gedanken mache ich mir nicht, sie kommen mir – aus unscheinbaren Lauten und Lettern.

Nun kann ich ruhig im Sessel mit diesen von der Einbildungskraft hervorgerufenen Atmosphären herumspielen, ohne ernste Konsequenzen wie im Leben : Ich verliere kurz die Fassung, rutsche aus, um kurz darauf mich wieder zu fangen und die Fassung wiederzufinden. So lernen wir, mit schwindelerregenden inneren Achterbahnfahrten umzugehen, ohne Risiko.

In der Literatur aber "ist die Absicht des Autors, Schmerz zu bereiten, so sichtbar, dass man sich ein wenig mehr verhärtet", wusste ***Marcel Proust***, einer der wichtigsten Autoren des vergangenen 20. Jahrhunderts.

"Was ist Literatur?", fragte Sartre 1947 und antwortete mit einem langen, berühmt gewordenen Essay. Wir werden es uns hier etwas leichter machen. Literatur ist (schriftliches?) "Sprachspiel" mit dem Ernst des Lebens, Entlastung vom Absolutismus der Realität und Zuflucht vor dem übermächtigen Druck der wirklichen Welt in allerlei denkmögliche Scheinwelten, die häufig "ästhetischer Vorschein einer besseren Welt" *(Ernst Bloch)* sein wollen. Menschliche Mündigkeit äußert sich schriftlich.

Literatur zerlegt die jedermann bekannte reale Welt in ihre Bestandteile und erschafft aus ihnen diese Welt ganz neu, möglichst besser, klarer, gerechter, liebevoller und schöner, doch "nur" im *Imaginären*, aus nur einmal winzigen 26 Buchstaben – wenigstens in der westlichen Welt.

Diese gottebenbildlichen Sprachkunststücke wollen und können uns verzaubern – bis wir ernüchtert oder mit neuer Kraft in unser graues Alltagsleben zurückkehren. Literarisches "Sprachspiel" (Wittgenstein) erhebt Anspruch und Einspruch, gibt "erlesenen" Zuspruch und Widerspruch : "höherer Jux" *(Thomas Mann)* in Lettern, diesen Wundern, die sich kein Sterblicher selbst ausgedacht haben kann, zwischen dem einen Kopf und seinen sechs Sinnen.

Das gilt für alle Kunst : Wer sich festgefahren hat in eingeschliffenen Hirn- und Herzroutinen, will wenigstens in der Phantasie mal alternative Möglichkeiten probeweise durchspielen, mindestens als innere Lockerungsübungen, welche die Sensibilität verfeinern für "ganz Anderes" als die üblichen Übel, die dann plötzlich gar nicht mehr schmecken wollen und langsam so unerträglich werden, dass einer am Ende gelegentlich sogar mal mit der Hand anpackt, um ... ? Aber wir wollen jetzt hier nicht ganz abheben. Literatur kann Utopien und Dystopien geben.

Jedenfalls nicht immer mehr vom Immergleichen!, forderte Paul Watzlawick. Ob Printbuch, e-Book, Hörbuch etc. : Literatur ist linguistische Gefühlsgymnastik, Fitnesstraining zur Selbstoptimierung der Einbildungskraft, also unseres Vermögens, uns Dinge vorzustellen, die gar nicht leibhaftig da sind, die es vielleicht überhaupt nicht gibt oder niemals gab oder nur *noch nicht* gibt. Ist Kunst mehr als die Fähigkeit, sich und anderen etwas Vollkommeneres ansteckend allgemeinverbindlich vorzustellen – und sei es durch Satiren auf weit weniger als nur Unvollkommenes?

So Schönes hört man häufig von den Gaben dieser Musen, aber stimmt das überhaupt?

Führen die so beliebten "Denkanstöße" des Autors wirklich zu Lesergedanken, die diesen Namen auch verdienen, oder nur zu Ansteckung mit nachhaltigen Geisteskrankheiten? Die erhabensten Gefühle und geistreichsten Gedanken des Autors, werden sie in seinen Lesern nicht meist zu bloßen Allerweltsstimmungen und Kommunikationsplatitüden herabgedumpft? Ist das Gelesene noch dasselbe wie das Geschriebene? Nimmt sich der Leser mehr oder weniger, als der Autor gibt?

Was Literatur uns gibt, das nehmen wir selten an und wahr, und was wir nehmen, hat sie nur selten gegeben. Autor und Leser verfehlen und missverstehen einander häufiger, als beide glauben (machen wollen). Schreibt nicht der Autor am Leser meist so vorbei, wie der Kunde am Verkäufer vorbeiliest?

Ist denn jede Lesart literarischer Texte ebenso *gleichwertig* wie *gleichberechtigt*? Das glaubt zu Recht fast niemand und wünscht doch fast jeder, in seinem Interesse.

Der Leser, immer faul und genusssüchtig, will "unterhalten" sein, aber nicht zu weit unter seinem stolz erarbeiteten Niveau, das er beharrlich verteidigt gegen Versuche, es allzu weit zu senken − oder zu heben. Da jeder Leser ein anderes Geschmacksniveau hat, bedient der gewiefte Autor, der auf Kasse aus ist, am besten einen erspürten mittleren Zeitgeist-Massengeschmack, den möglichst viele seiner Zeitgenossen erwarten und den er tunlichst selber teilt, um nicht allzu eigensinnig, arrogant und sorglos vorbeizuschreiben an seinem potentiellen Publikum, dieser Horde von Dumpfbacken, denen er hemmungslos schmeicheln muss. Der klügste Autor erfüllt vor allem die dümmsten Lesererwartungen.

Um es ganz kurz zu machen, ohne alle Ironie:
Erfolgloses *kann*, Erfolgreiches *muss* Mist sein.

Der Leser will durch einen Roman magisch verwandelt werden und doch im selben Atemzug nur bestätigt in dem, was er sowieso aberglaubt und ist und auch bleiben will. Bleibt er denn nicht in seinen ideologischen Vorurteilen und psychischen Abwehrmechanismen am Ende völlig unverändert sitzen, nach einem trügerisch kurzen Gefühlsüberschwang bestenfalls?

Was ist aber mit Autoren, die ihrem Leser Anspruchsvolleres zumuten, als er gemeinhin verkraften und an sich herankommen lassen möchte? Ein solcher Autor will nur bestätigt sein in seinem Anspruch, den Leser in seinen Ansprüchen eben nicht zu bestätigen, sondern vor den Kopf zu stoßen, zu widerlegen, zu jagen, zu überstimmen, zu bessern, zu entlarven und zu beschämen ...

Der Schriftsteller sollte sein Buch so hoch hängen, dass sein Leser sich ordentlich recken und strecken muss, doch nicht so hoch, dass kein Springer es je erreichen kann. Die meisten Werke geben dem Leser zu viel Raum, seinen trivialen Assoziationen nachzugehen und alles auf seinen eigenen un(ter)-entwickelten Mindergeschmack zu beziehen.

Gedichte, Schauspiele, Romane, Geschichten wollen ihre Adressaten mit dem sanften Zwang des rhetorischen Überredens statt logisch-sachlichen Überzeugens für sich einnehmen, verführen, in ihr Lager ziehen, aber überwältigen, verwandeln, zu ganz anderen machen. Will ein Autor, der diesen Namen verdient, von seiner Lesergemeinde wirklich nur geliebt und nur bewundert sein für seine imaginäre Akrobatik hoch in den muttersprachlichen Lüften?

In der gehobenen Literatur "ist die Absicht des Autors, Schmerz zu bereiten, so sichtbar, dass man sich ein wenig mehr verhärtet", schrieb kein Geringerer als der überragende (sadistische?) Autor **Marcel Proust.** "Schmerz zu bereiten" aber gerade nicht durch mangelndes Qualitätsniveau, unterkomplexen Sprachdifferenzierungsgrad oder gepflegte KitschLangeweile. Rechtfertigt eine Courths-Mahler schon "Finnegans Wake"? Kunst enthüllt fiktive Untaten und verhüllt nackte Tatsachen durch exhibitionistische Allmachtsphantasien.

Haben Autor und Leser nicht allen Grund,
einander zutiefst zu misstrauen, ehe sie beginnen?

„Carpe diem“

… Quintus Horatius Flaccus („Liber I“, 23 v. Chr.) *Horaz* schrieb in einer sehr gängigen Übersetzung: „Genieße den Tag und vertraue möglichst wenig auf den folgenden."

Der biblische *Psalmist* warnte sekundierend:
„Wir verbringen unser Leben wie ein Geschwätz.“

„Pflücke den Tag“ : Aber warum die Blüte pflücken, statt die Blume lieber ungepflückt zu bewundern?

Der Bürger übersetzt auch lieber als Devise: „Nutz den Tag“, also lass keine einzige Minute ungenutzt verstreichen, press aus jedem Augenblick das Maximale und Optimale heraus! Triumphiert bourgeoises Rentabilitätsdenken schon beim römischen Dichter Horaz (und nicht schon bei den gerne nachgeahmten Griechen)? Selbst ein unnützes Feierabend-Allotria dient und nutzt dann noch der Regeneration von Genuss- und Leistungsfähigkeit des nächsten Werktages.

Das sprichwörtlich gewordene *dictum* des Horaz riet aber gar nicht zur panischen Genussoptimierung, sondern gut epikureisch zu einem möglichst einfachen und ungestört zurückgezogenen „Leben im Verborgenen“, zu einer Sinekure fern von lauter gesellschaftlicher Geschäftigkeit. Jeden Tag "gelehrte Muße" auf seinem von Maecenas geschenkten Landgut *Sabinum.*

Der Besitzbürger hingegen nutzt die knappe Lebenszeit zu akkumuliertem Hochleistungsstress und Spaßkapital. Er schielt auf Nutzeffekte selbst überflüssigster Dinge, um seinen Lebensüberfluss und Lebensüberdruss zu mehren. Will sagen : „Was du heute kannst besorgen, das verschiebe nicht auf morgen“ – und andere ebenso nichtswürdige Weisheiten. 1897 parodierte *Christian Morgenstern* das zu „Horatius transvestitus“ : „Heut ist heut! Küssen Sie mich, m´amie! Nach uns die Sintflut!“

Nach dem fürchterlichen Dreißigjährigen Krieg kam das große „vanitas vanitatum vanitas“ des Barock. „Memento mori!“ und der biblische *Koheleth* : „Es ist alles eitel!“ Verspielt das heidnisch hedonistische "*Carpe diem*" nur das ewige Leben oder umgekehrt der Glaube an die unsterbliche Seele nur den (all)täglichen Sinnengenuss? „Folge dem schönen Morgen und vergiss deine Sorgen!“ Hol aus dem Heute raus, was du kannst, wer weiß, ob es ein Morgen und Übermorgen noch geben wird.

Opfert eurer Gegenwart eure Zukunft
und sogar die Zukunft eurer Enkel?

Versäumt und verpasst bloß nichts, verschiebt keine Gelegenheit, die sich bietet, auf eine ungewisse Zukunft, denn das Glück ist flüchtig. Was du heute nicht erlebst, ist morgen vielleicht nicht mehr nachzuholen und zu haben auf dem freien Markt. Auch der günstige *Kairos* der Weltbörsen ist launisch wie die *Fortuna*. Nutz also die ebenso unkontrollierbare wie unmanipulierbare Gunst der Stunde!

„Nutz den Tag!“. Warum nicht die Woche oder das Jahr, warum nicht die Minute? Bei der Sekunde wird die Absurdität klarer. Punktualisierte Lust im Klimaxhöhepunkt hebt sich selber auf. Nicht nur *post amorem omne animal triste*. Die meisten subtileren Genüsse (ver)brauchen Zeit, zeitraubende Vorbereitungen, Entfaltungen, luststeigernd einkomponierte Retardierungen, gekonnte Ausklänge. Je nachdem, was einer vorhat, hat jeder gepflückte

„Tag“ eine andere sinnvolle Länge, oft weit über ihn hinaus. Hier und Jetzt-gleich oder aufschiebende Vorsorge fürs Morgen oder Bessere?

Der griechische Arzt (und Uraphoristiker) *Hippokrates* wusste : „Vita brevis, ars longa“ („Leben ist kurz, Kunst ist lang“). Jeder kann in seiner kurzen Lebenszeit nur seinen kleinen Beitrag leisten zu einer weit über ihn hinausreichenden Geschichte der Wissenschaften und Künste. Und sein Bestes geben an Genussfähigkeit (als Prämie auf sein Leistungsvermögen) kann ein jeder auch nur während einer kurzen Spanne seines ohnehin so kurzen Lebens. Kinder und Greise sind ja zu tieferen und oft erst mühsam zu verschaffenden Lebensgenüssen noch gar nicht oder schon nicht mehr recht in der Lage.

Jugendliche riefen gern das Wort des Jahres 2012: „YOLO“ („You only live once“).

Karl Kraus hatte das schon ein Jahrhundert früher korrigiert : „Man lebt nicht einmal *einmal.*“

Gilbert Chesterton, „einer der gescheitesten Menschen, die je gelebt haben“ *(Ernst Bloch),* widersprach dieser „verkrampften Jagd auf rare Lustbarkeiten“. „Es ist die Religion des *carpe diem;* aber das ist die Religion nicht des glücklichen, sondern höchst unglücklichen Menschen." („Heretics“ / „Ketzer“, 1905). Das Leben sei viel zu grandios, um es mit möglichst vielen Genüssen zu verplempern. Das Mittelalter sei von einer so überschäumenden

Lebensfreude erfüllt gewesen, dass es die Menschen zur Mäßigung anhalten musste, um ihrer Selbstzerstörung zu wehren, schrieb Chesterton. Heute sei die säkularisierte Spaßgesellschaft aber umgekehrt so lendenlahm, dass sie Tag und Nacht zu Sinnengenuss und Lebensfreude ermuntert, getrieben und aufgereizt werden müsse.

„Tagespflücker“ ist ein Künstlerberuf, der trainiert sein will, kein Experte für prompten Mordsgaudi und Heidenspaß auf der Stelle und auf die Schnelle. *Carpe diem* hat seine eigene paradoxe Dialektik. Horaz empfahl damit ja nur, in jedem Moment bescheiden das Rechte zu tun, um ein ruhiges Leben führen zu können und Erkenntnisse zu sammeln.

Die Moderne versteht darunter eher das ziemliche Gegenteil, also ein Leben, möglichst in Saus und Braus auf den Kopf gehauen. Das aber können dumme Neureiche besser als arme Geistreiche. Versprochen wird Lebensverlängerung nicht nur durch Sport, Diät und Medizin, sondern auch durch fortwährend optimierte Momentausbeutung − angelegt schon beim römischen Stoiker *Seneca*, dem Lehrer des lustversessenen Diktators Nero.

Doch wer viel mehr vom Leben hatte, dem hat der sichere Verfall und Tod auch mehr zu rauben - oder Altersdemenz sogar alle genussreiche Erinnerung ans Genossene.

Der materialistische Philosoph *Ernst Bloch* raunte vom „Dunkel des gelebten Augenblicks“, in dem sich etwas verstecke, was erst durch den Zukunftsentwurf erhellt werden kann, um es als (immer vergangenes) Glück heute erinnern zu können. Und für Existenzialist *Sartre* pflücken und ernten sogar erst langfristige Zukunftspläne, was uns im gewärtigen Augenblick überhaupt blühen könne. Marxist Sartre opferte wie Bloch das widerwärtig Gegenwärtige philosophisch einer ebenso ungewissen wie besseren Zukunft, also einer künftigen Allgemeinheit den egoistisch individuellen Momentangenuss ....

„Nutze den Tag“ – aber wofür? Ein erfülltes Leben nutzt jeden geschenkten Lebenstag für ein gottähnlich geistiges Leben, rieten die Weisen aller Zeiten. „Lieber ein unglücklicher Sokrates als ein glückliches Schwein.“

Das Gegenteil ist nicht der unmittelbare Sinnengenuss von lebenskulinarischen Nutznießern, sondern: Nutz den Tag zur passionierten Nichtsnutzigkeit! Ich bin zu faul, das Lob der täglichen Faulheit zu singen.

Die reifste Frucht aber pflückt, wer jeden Tag einer gnadenlosen Disziplin unterwirft, um Werke zu vollbringen, die weder an einem Tag noch in zehn Tagen zu schaffen sind, Werke, die jeden Tag sich packen und mit Etappenaufgaben vollpacken und dem nächsten Tag zum Fraß hinwerfen, um ein Tier zu mästen, das möglichst noch in hundert Jahren

Geister nähren und entzücken kann, Werke, die nur in der Fron von Jahren entstehen können und die jeden Tag wie ein prächtiges Raubtier sein nahrhaftes Opfer genießerisch verschlingen. Das sind vor allem Kunstwerke des Geistes. Aristoteles stellte im zehnten Buch seiner „Nikomachischen Ethik“ schon vor 2300 Jahren den „bíos theoretikós“ des reinen Kosmosbetrachters, also die gottebenbildliche *vita contemplativa,* über jede *vita activa,* welche nur Gottes Schöpfung verschlimmbessere. Das beschauliche Leben des reinen Theoretikers aber fürchtet fast jeder wie die ewige Langeweile des Paradieses heute, obwohl es das *Carpe diem* idealiter befolgt.

Der Ewige und Sein Urprojekt

Dass das "Wort Gottes" ursprünglich auf auserwählt Hebräisch erscheint, ist von höchster Bedeutung und müsste besonders beachtet werden. Daran entzündet sich alle seitherige Kritik am "Volk des Buches".

Ich soll mir ausdrücklich kein Bild vom Ewigen machen, weil es mir nur ähnlich sieht und dann nur zwischen uns steht. Auf die Frage nach Seinem Namen antwortet der "Herr der Heerscharen" allerdings selber : Man soll Ihn nennen "Ich bin (da)" oder "Ich bin, der ich (immer dabei gewesen) bin" oder "Ich bin, der ich (bei euch) sein werde".

Die biblische Theorie nennt die für uns wichtigen Naturgesetze und ihre praktischen Konsequenzen: die Sittengesetze der Moral, um uns einen vernünftigen und realistischen Umgang mit der Welt zu verschaffen. Die "heiligen" (nicht eigenmächtig zu verändernden) Schriften geben eine Art von Gebrauchsanweisung für Sein universales Produkt, so etwas wie eine praktische Bedienungsanleitung Seiner Schöpfung für uns. Es sind Seine "guten Tipps" an uns zum sachgerechten Umgang mit dem geschenkten Leben : Kompetente Empfehlungen direkt vom Hersteller, der es ja schließlich wissen muss. (Siehe Seine fundierten Ernährungstipps.)

Und man tut gut daran, das Kleingedruckte rechtzeitig zu beherzigen, wenn man Freude am erworbenen Erzeugnis haben will, das einem ja nicht um die Ohren fliegen soll. Entweder lässt man es sich also vom Sachverständigen gesagt sein, der alle Fabrikgeheimnissse kennt, oder muss sich selbst durch langes *trial and error* erst beliebig viele Beulen holen und durch mühsamen Schaden klug werden. Man hat die freie Wahl. Und der Ewige ist ein strenger Wanderlehrer : Menschliche Verletzungen Seiner objektiven Naturgesetze strafen und rächen sich selbst. Dazu braucht es keine Hiebe von oben, nur fürsorgliche Warnungen eines wirklich Erwachsenen an seine unwissenden Menschenkinder vor den Folgen von „freien“ Naturgesetzverstößen.

Dann kann der Ewige selber aber nicht die bloße Summe der Naturgesetze des Alls sein, sondern nur der **Naturgesetzgeber** dahinter. ER stellt sich als Weltschöpfer *(Pancreator)* vor. Der Schöpfer kann aber nicht mit seiner Schöpfung zusammenfallen, wie ja auch ein Künstler nur in metaphorischem Sinn mit seinem Werk eins ist : Eine Sache der Sprachlogik. Der Produzent "ist" nicht sein Produkt, sonst landen wir z.B. bei Spinoza mit seinem pantheistischen "Deus sive Natura naturans". Diese Lehre wird von allen drei Monotheismen aus gutem Grund eher skeptisch gesehen. Kurz : Der „Pankreator“ muss zu seinem Werk *transzendent* sein und es "unendlich übersteigen", um es auch nur erschaffen zu können.

Der Gottesbegriff eines *Naturgesetzgebers* ist sogar kompatibel mit Kants "praktischer Vernunft" und seiner moralphilosophischen Deutung der biblischen Religion. Kant formuliert in seiner "Grundlegung zur Metaphysik der Sitten" den "kategorischen Imperativ" um : "Handle so, als ob die Maxime deiner Handlung durch deinen Willen zum *allgemeinen Naturgesetze* werden sollte.“ (Stuttgart 1978, S. 68). „Subjektives Prinzip“ von „Maximen der Freiheit, als ob sie Gesetze der Natur wären“ (a. a. O. S. 126) – „einer Naturordnung ähnlichen Gesetzmäßigkeit unserer Handlungen“ (a. a. O., S. 82).

Im "Kanon der reinen Vernunft" von Kants transzendentaler Systemarchitektur stehen alle Einzelwissenschaften noch unter der "regulativen Gottesidee" vom Ganzen des Seienden und seiner Erkenntnis. Davon kann bei der modernen *Scientific Community* nicht mehr die Rede sein, ganz im Gegenteil. Kants Wissenschaftsideal einer durchmathematisierten Naturwissenschaft hat die technisch-industrielle Naturmanipulation seither soweit vorangetrieben, dass sie selbst Kants „praktische Vernunft“ unter sich begrub, von Kants "Religion innerhalb der Grenzen der bloßen Vernunft" ganz zu schweigen, wo die Moralvernunft noch vom geschriebenen Gesetz des Einen Gottes gestützt wurde. Kant sah "ein ethisches Gemeinwesen als ein Volk unter göttlichen Geboten, d.i. als ein Volk Gottes ..." (Stuttgart 1974, S. 128)

Heute abstrahieren reduktionistische Wissenschaftsprozeduren positivistisch von allen vermeintlich nur subjektiven Ambivalenzen, Atmosphären und Paradoxien ihrer methodisch zugerichteten und kastrierten Objekte, sodass oft das Wichtigste daran unter den Tisch fällt, wie die "Kritische Theorie" Adornos unverlierbar gezeigt.

Das "nachmetaphysische Zeitalter" war vielleicht voreilig, als es Metaphysik durch kommunikative Metasprachen ersetzte. *Metaphysica specialis* 2020: Gott und die Welt und die Seele : Monotheismus, Naturwissenschaft und Psychoanalyse?

Vielleicht liegt den Blaupausen des Weltbauplans, konzipiert in "sechs" Arbeitstagen, ja eine Höhere Mathematik zu Grunde. Ob Er uns aber jemals in diese Spiel- und Sternkarten naturwissenschaftlich gucken lässt? Zur Lebenspraxis des gewöhnlichen Sterblichen ist das allerdings nicht notwendig, deshalb wohl steht auch nichts davon in Seinem biblischen Ratgeber.

"Der olle Jott" ist nur ein menschlicher Begriff, das stimmt, aber der menschliche Begriff gerade von etwas, das alle menschlichen Begriffe "transzendiert", unsere subjektive Idee gerade von etwas, das ganz außerhalb all unserer subjektiven Ideen liegt, also des **Objektiven schlechthin.**

Die biblische Urhypothese will experimentell getestet sein wie jede wissenschaftliche Theorie. Die empirischen Testreihen laufen seit Jahrhunderten oder Jahrtausenden, open end. Verifizieren lässt sich keine Theorie, schreibt Karl Popper, aber vielleicht falsifizieren? "Das säkulare Zeitalter" (Charles Taylor) moderner A(nti)theisten *glaubte*, schon akademisch gesiegt zu haben, doch der olle Jott scheint sich *offenbar* zurückgemeldet zu haben – weltweit.

Das "Buch der Bücher" ist eben keine Mystik, Magie oder Lyrik, sondern eine sehr rationale, inspirierte und pragmatische Lehr- und Kampfschrift – über historische Erfahrungen eines ganzen Volkes mit einer ebenso folgerichtigen wie unglaublichen Theorie der Sklavenselbstbefreiung.

Deutsche missverstanden dieses Geschichts- und Naturgesetzbuch allzu oft als eine Art Zauberbuch, um übernatürliche Wunder zu vollbringen.

"Gott ist Geist, der lebendig macht" *(Hegel)*, und weil wir in biblischer Theorie "persönlicher Geist von Seinem Geist" sind, also mehr als nur Leben, können wir Seine Gesetze überhaupt nur (an)erkennen, nachbuchstabieren und anwenden.

Die drei auf Abraham fußenden Monotheismen sind im historischen Zusammenhang zu sehen. Als die Hebräer einen nationalen „Zaun“ um ihre Thora errichteten, um sie eifersüchtig für sich zu reservieren, entstand *korrigierend* das Christentum mit paulinischer Heidenmissionierung global.

Aber christliche Kontaminierung mit Gesetzesrelativierung, griechischer Philosophie, konstantinischer Verstaatlichung, Vergötterung des prophetischen *Menschensohnes* Jesus und die Zölibatisierung des Rabbiners führte *korrigierend* zum Islam, der auf dem proletarischen Arabervater Ismael fußt, dem Erstgeborenen (!) Abrahams aus der unehelichen Verbindung mit seiner schwarzen Sklavin Hagar, welche von der eifersüchtig gewordenen Gattin Sarah zusammen mit dem Sohn verstoßen und in der Wüste vom HErrn selber gerettet wurde.

Ob noch weitere Propheten folgen werden,
muss wohl geschichtlich offen bleiben.

Bible Left setzt auf Exodus und Ismaels plebejische Erstgeburt. Das Recht des Allerersten im Himmel auf jede männliche Erstgeburt darf nicht verletzt werden, wenn keine Unheilsgeschichte starten soll wie mit den jüngeren Mamakindern, dem Herrensohn Isaak und dem Jakob-Israel (gegen Sklavensohn Ismael und betrogenem Esau) etc. etc.

Gottes Gesetz, unter dem die Erzväter lieber litten als unter ihrem König, löste der christliche Sohn in Liebe und Heiterkeit auf, hält mit dem Heiligen Geist Allahs dann erneut Gericht und konzentriert sich auf dessen unabdingbare Essentials in einer großartigen Einfachheit und Klarheit. Der dritte Monotheismus kennt weder nationale Beschränkung noch 614 Gebote oder (polytheismusverdächtige) Trinität und erkennt alle Propheten vor ihm an, doch keinen mehr nach ihm. Alle drei Monotheismen bergen totalitaristische Versuchungspotentiale und sind ohne *Pentateuch* nur Häuser ohne Fundament.

Beide anderen Religionen erkennen den vermutlich frau- und kinderlos zu jung verstorbenen ewigen Sohn Jesus nicht ganz an als kompetenten Schriftausleger mit der Autorität eines Patriarchen, der beruflich seine eigene Familie unterhält. Dieser Armenprophet sah seine Familie nur in der Jüngerschar, die ihre Familien verlassen sollten, stieß seine Mutter zurück und spielte seinen himmlischen gegen den leiblichen Vater aus. Er sah das eschatologische Hereinbrechen des Gottesreiches noch zu Lebzeiten so nahe vor sich, dass innerweltliche Zukunftsvorsorge nutzlos wurde. Die „Parusieverzögerung“ bis heute musste dann in der Folge durch Dauerkirche überbrückt und christologisch umgedeutet werden – wie politisches Scheitern zum geistlichen Triumph. Aber Jeshua Ben Josef aus Nazareth hat das Gesetz Gottes vorbildlich erfüllt.

Die christliche Dreifaltigkeit hat ihren rationalen Kern vielleicht in republikanischer Gewaltenteilung (Montesquieu*)* : ***Legislative*** (Hebräische Religion des Vaters), ***Exekutive*** (christliche Sohnesreligion) und ***Judikative*** (muslimische Religion des Heiligen Geistes im *Jüngsten Gericht*) in AT, NT und Qoran.

Als der Steinzeitmensch noch gemächlich seiner Herde folgte, noch kein einziger Getreidehalm angebaut war, noch niemand ein abgestecktes Stück Land dem Weltschöpfer geklaut und kriegstreibend für sich allein beansprucht hatte, als die Gesellschaft nicht viel größer war als ein freiwillig lockerer Verband von Großfamilien und Sippen in der Steppe, als die Machthierarchien nicht viel steiler waren als die zwischen Mann und Frau und Kind(eskind)ern, als der Unterschied von Mensch und Landschaft noch kein Unterschied von Stadt und Landwirtschaft war, nannte die Bibel diesen Zustand den *Garten Eden*, das Paradies, aus dem der Nomade sich selber vertrieb, als er vom *Baum der Erkenntnis* aß, der Erkenntnis nämlich, wie Gottes Schöpfung am besten erschöpfend zu missbrauchen wäre als bloßer Rohstoff für bessere Schöpfungen der sesshaften Übermenschen. Die christliche *Erbsünde* hat ihren rationalen Kern in diesem selbstverschuldeten Fall der nomadischen Jäger, Fischer und Sammler in die gottverfluchte Welt der feudal sich organisierenden Ackerbauern und Viehzüchter. –

„Macht euch die Erde untertan!“ : Tut sie unter eure Wanderstiefel! Der Arbeitssklave geht – und überlässt uns unserem Dreck.

Die beiden Söhne des Urelternpaares : Der Herr zog das Opfer des Wanderhirten (!) Abel dem Opfer des Bauern (!) Kain vor, verschonte aber den Brudermörder als den erstgeborenen Sieger der *freien* Verfallsgeschichte aller Sesshaften. Wir alle stammen ab von Kain, nicht vom Nomaden Abel („Hauch“, „schwach“).

Psalm 23 : „Der Herr (JHWE) ist mein getreuer Hirte, mir wird nichts mangeln ...“ Die Schafe wohnen am Tisch und im Haus ihres Hirten, und der um 1000 v. Chr. zum König avancierte Hirtenjunge David wurde Gastgeber und Hirte seiner Herde.

Nur zwei Dinge haben die letzten zwei Jahrtausende laut Chesterton in Europa überdauert, der christliche Seelenhirte *(Pastor)* und die bukolische Idyllenpoesie *(Pastorale)* : Sehnsuchtserinnerungen ans verlorene Paradies des vom HErrn favorisierten Goldenen Nomadenzeitalters.

Der Schöpfer versprach, Sein Werk nicht noch einmal zu vernichten, sondern abzuwarten, bis das freie

Werk Seiner Ebenbilder wie der Babelturm naturgesetzlich von selbst zusammenbricht, um vielleicht auf Sein – vom Ebenbild verspieltes – nomadisches Urprojekt einstmals wieder zurückzukommen …

Wir haben kein Patriarchat, und solange es nicht die Unterstützung der Frauen findet, hat es keine Chance gegen die Vorherrschaft von dummen Jungen und ewigen Kindsköpfen. Nur ein Patriarchat macht aus dummen Jungen richtige Männer und potentielle Väter, mit denen richtige Frauen auch etwas anfangen können. Der moderne Kampf gegen Väter ist auch ein Kampf gegen die drei Monotheismen, denn das "Prinzip Vater" ist das Prinzip der Individualisierung des Menschen, der Emanzipation aus dem *Sozialuterus* von Herden, Horden und Kollektiven. Was der Segen des Vaters aufbaut, möge der Fluch der Mutter nicht wieder einreißen.

Sparta, die potenteste Miltärdiktatur der Antike, wurde dominiert von asexuellen Feministinnen, die ihre Söhne (per Ödipuskomplex) an sich banden und sie dann gegen zu schwache Gatten und Väter ("Weicheier") mobilisierten und scharfmachten. Schon Aristoteles beobachtete, dass ausgesprochene Kriegerstaaten von ehrgeizigen Frauen beherrscht werden, die ihre lahmen Kerle in den Krieg schicken, um sie los zu werden. Und wehe, die kommen dann auch noch geschlagen wieder zurück!

Das wird, gender-ideologisch überhöht, amazonenstrategisch weiter praktiziert. Cherchez la femme!

Gott mag vermutlich unsere Hochkulturen nicht, die Sein Werk durch unsere Werke optimiert zu haben glauben. Sind all diese zivilisierten Veranstaltungen für Ihn nicht nur Verunstaltungen seiner Schöpfung? Menschliches „Eigentum ist Diebstahl" an Ihm und zur befristeten Nutzung uns alles nur ausgeliehen. Reiche kommen nicht ins Himmelreich, selig sind die Armen, denn ihrer ist es, und Er ist mit den Zerschlagenen im Geiste. Das Joch Seines Gesetzes ist sanfter als das Joch unserer Herrscher, und nur der HErr kann von den Herren der Welt befreien : Keine Revolution ohne Religion! Auch die aufs verfluchte Ackern folgende Industriewelt sollte eine historische Episode nur werden, die wir geistig möglichst bald hinter uns lassen, ist sie doch eine Pandorabüchse, die sich als unerschöpfliches Füllhorn gut verkauft.

Grand-Design-Kreationismus : Sind die Evolutionsgesetze des Lebens selber denn auch nur durch Evolution entstanden? Und warum soll der Schöpfer des biblischen Sechstageplans sich nicht einer *Stringtheorie* bedienen, welche die Relativitäts- wie Quantentheorie vereint und eine Jahrmilliardenentwicklung steuert? Dass der „Quantenschaum eines plancklangen Ur-Vakuums" Ursache-seinerselbst sein soll, ist doch so unerklärlich wie die gern belächelte scholastische „Aseität" Gottes und andere „haltlose Spekulationen" …

Wissenschaft und Philosophie, denen nichts mehr heilig ist, werden zu Technik und Kulturindustrie. „Philosophie ist die Hermeneutik der Gnade." „Das einzig Sinnvolle ist es, Gott starrsinnig mit unseren Gebeten zu belästigen.“ *(Nicolás Gómez Dávila)*

Und wenn wir alles kapiert haben,
kann Er vielleicht weiterziehen,
der himmlische Weltlehrer ...

Und was ist mit all den vielen anderen Gottheiten aller Zeiten und Zonen samt ihrer Geschichten? Einer genügt, Er vereint sie in sich.

Kurze Skizze einiger Religionsphilosophen der Tradition

Thomas von Aquin, der katholische Hausphilosoph, übersetzte das Christentum ins Aristotelische, also ins hochhäuslich Realistische und empirisch Bewährte.

Hegel übersetzte den Protestantismus in Religionsphilosophie, die für Eliten auf den Begriff bringe, was die Religion dem Volk in Bildern sage. Gott könne ja als Vaterfigur seinen Begriff nur erfüllen, indem er sich im Gottessohn und dessen Gemeindegeist realisiere, um keine abstrakte Luftidee zu bleiben. Christi und seine Kirche sei gleichsam der ontologische Gottesbeweis. Die anderen beiden Monotheismen fallen ihm dagegen ab.

Jesus erstehe auf nur im „Kerygma“. *Rudolf Bultmann* übersetzte die Bibel ins Heideggerdeutsch, so dass seine „Entmythologisierung“ sich gleich wieder existentialontologisch remythologisierte. Bei Bultmann kommt anthropologische Anschlussfähigkeit der Theologie zu ihrem Recht um den Preis rechtslastiger Heideggereien.

Karl Barths Gottesbegriff thront so inkommensurabel über seiner eigenen Schöpfung, dass er kaum mehr als ihr Schöpfer verständlich ist, als habe er nichts damit zu schaffen und als sei sie des Teufels. Theologie wird so dialektisch, dass Gott nicht mehr nur der antikulturprotestantische „Ganz-Andere" sei, sondern aller Welt und sogar deren Religion widerspricht. Wenn Christi Himmelreich nicht mehr von dieser Welt ist, ist er vom Weltuntergang kaum noch zu unterscheiden. Die Liebe und Gnade von oben wird launisch und terroristisch wie die Fortuna. Beim „Rotbarth" kommt die unmanipulierbare Unverfügbarkeit des Schöpfers zu ihrem Recht um den Preis einer Zumutung für den Menschenverstand und ohne Brücke zwischen Glauben und Wissen.

„Theologie der Hoffnung". Neuere evangelische Christologien wie die von *Jürgen Moltmann* z.B. übersetzten die Bibel in Ernst Blochs marxistischen Messianismus. Aber wo endete der?

Biblischer Monotheismus oder naturwissenschaftlicher Materialismus?

Das Unverständliche an der veränderlich überkomplexen Welt, schrieb Einstein, ist ihre Verständlichkeit, also dass sie nach erstaunlich wenigen konstanten Gesetzen geordnet ist. Naturgesetze und Logik sind die „Gedanken Gottes vor der Schöpfung", schrieb Hegel. Wenn Gott nicht existiert, verdanken wir und das Expansionsall, das Sein selber, Freiheit und Moral und die unendlichen „Paralleluniversen“ etc. einer fast unendlich hohen Anzahl von kontingenten „Zufällen“, will man nur den heutigen „M-Kosmologen“ glauben.

Und diese unendlich zahlreichen *zufälligen* Paralleluniversen müssen dann immer schon in einem *Multiversum* tatsächlich koexistieren. In einem unendlich *zufälligen* davon leben wir selber *zufällig*. Man sagt uns : Das ist nun mal *zufällig* so, basta! Jeder der quantenphysikalisch möglichen *Zufälle* sei in einem eigenen Paralleluniversum, das selbst wieder ein eingeschachteltes Multiversum sein müsste, schon längst realisiert. Dann aber gibt es, wie schon Nicolai Hartmann postulierte, keine Möglichkeit, die nicht schon Wirklichkeit wäre, um die extreme kosmologische Unwahrscheinlichkeit unserer Welt und deines Zufallslebens darin wegzuerklären. Dass alle Denkmöglichkeiten aber in einem Multiversum schon verwirklicht sein müssen, ist selbst eine metaphysische These, wenigstens nicht entscheidbarer als die Frage nach der Existenz Gottes. Es könnte ebenso gut auch ganz anders sein, ohne gegen Logik und Naturgesetze zu verstoßen. Es gibt keinen materialistisch-naturalistischen Grund, warum es gerade so und nicht anders ist mit dem All, dass alle kosmischen "Naturkonstanten" gerade "anthropisch" auf seine Beobachter zugeschnitten scheinen. Das Unbedingte gibt es naturwissenschaftlich niemals.

Aber "Theodizee"? Was ein Gott an Schlechtem und Bösen in dieser Welt zugelassen hat, würde die Menschheit ohne Ihn eines künftigen Sanktnimmerleintages vermeiden können : Ist das beweisbarer oder widerlegbarer als Gottes Existenz? Ohne einen Gott würde es höchstwahrscheinlich niemals Gerechtigkeit für Verlierer und Opfer geben – nach allen voll gescheiterten Sozialismusexperimenten. Die künftige Existenz einer wesentlich verbesserten Welt scheint nicht viel beweisbarer als die Existenz des einen Gottes.

Woher also kommt die primordiale *Vakuumenergie* oder die Mater-ie, *Magna Mater*, aus der angeblich alles kommen soll, wenn nicht wieder aus Mater-ie oder etwas noch Unbekannterem oder aus *Vakuumfluktuationen* des „Nichts“? Doch woher kommt dieses energiegeladene Ur-Nichts der einsamen *Singularität* mit seiner unerklärlichen quantentheoretischen Eigenschaft, in *Planckzeit Plancklängen* zu durchmessen und spontane Partikelpaare zu bilden, die rasch wieder ineinander verlöschen, und doch einige davon übrig zu lassen, die nicht mit ihren Antiteilchen asymmetrisch verschwinden, sondern durch eine *zufällige Inflationsrate dunkler Energie* oder *Quintessenz* unser Universum gebildet haben sollen bis heute – im ständigen Gegenspiel mit der Gravitationskraft einer *Dunklen Materie*?

Kurz : Auch naturwissenschaftlicher Naturalismus ist keine empirische Physik, sondern eine denkmögliche Metaphysik wie der spekulative Theismus, logisch oder experimentell bislang weder beweisbar noch wiederlegbar. Aber der Materialismus ist eine Metaphysik, die sich nicht gestehen will, und der Monotheismus eine Theorie, die sich beweisen will.

Woher also kommen Naturgesetzlichkeit und Logik, die als einziges ewig zu gelten scheinen in einer vergänglichen Welt – ewig wie der Ewige selber? Naturwissenschaftler und Materialisten schweigen, Metaphysiker nicht : Naturgesetze und Logik sind nur Gottes Gewohnheiten, die Er aber eines Tages auch ablegen könnte, wann immer es Ihm beliebt. Werden Naturgesetze und Logik das aktuelle Universum überdauern, und wird alles, was jemals gewesen ist, in Gottes Gedächtnis gespeichert bleiben?

Physik kennt nichts Unbedingtes, Metaphysik postuliert Ab-solutes. Die abschließende Ursache aller Ursachen hat keine eigene Ursache und ist laut Kant nur eine Vernunftidee, die den Erkenntnisfortschritt steuert – wie auch das komplette Ganze aller Dinge selber kein Ding u. a. ist. In Gedanken lassen sich Weltraum und Weltzeit beliebig erweitern und zerkleinern ad infinitum – logisch und empirisch ist unentschieden, ob es so etwas wie Gott oder die menschliche Freiheit nun gibt.

Es gibt herzensgute Materialisten wie grundböse Theisten, was aber theoretisch gar nichts beweist. Naturalist und Theist, keiner von beiden erklärt die Welt an sich besser. Die Wahl zwischen ihnen bleibt freie Entscheidung und persönlich motiviert, weil

Theorien, welche die gleiche unwahrscheinlichste Datenmenge erklären, als gleichwertig und gleichberechtigt zu gelten haben. Theisten können sogar alles Unwahrscheinliche erklären, das Naturalisten sich und uns gar nicht erklären können, nicht etwa umgekehrt. Und ist die moderne Kosmologie eine geringere Zumutung für den zu gesunden Menschenverstand als die uralte biblische Theologie? Wenn aber eine Gottheit alles kann, dann sich uns z.B. auch in jeder beliebigen Maske präsentieren oder entziehen, warum nicht auch in der Rolle einer Person wie du und ich?

Ist die Unsterblichkeit gestorben, oder geht „Das säkulare Zeitalter“ schon zu Ende? Müssen Schuldige, die der Justiz entgehen, vor keinem *Jüngsten Gericht* sich mehr verantworten, und ist das ein Hauptmotiv des heute grassierenden A(nti)theismus: letztlich mit alledem ungestraft davonzukommen? Die Moderne merkt gar nicht, dass sie auf paganische Altpositionen zurückgeht, gegen die biblische Schriften gerade vehement und radikal angehen – wie etwa in der Antike übliche Kindstötungen vor allem bei Sklaven, um sich die gewünschten Dienstleistungsheere zu züchten. Die Neuheiden sind oft so veralteter als die von ihnen verachteten Alten. Sie fallen hinter heilige Schriften so weit zurück, wie sie deren *Dorfreligionen* überwunden zu haben wähnen durch Aufklärung. Doch Aufklärung über überholte Mythen wurde ihr eigener mächtiger Mythos laut Adornos „Dialektik der Aufklärung“

Von den biblischen Erzvätern aus betrachtet, macht z.B. platonistische Homoerotik aus der Not, niemals erwachsen geworden zu sein, die Gendertugend, sich nicht nur gleichberechtigt, sondern auch ganz gleichwertig zu fühlen, ja, anerkannt zu werden von der *permissiven Gesellschaft* der heute den Ton angebenden kosmopolitischen, links-liberal wohlhabenden Globalisierungsprofiteure und Multikulti-Eliten, welche die „abgehängt Zurückgebliebenen" ins Rechtsaußenstigma verdrängen.

Anhang : Formale Theologik

Gottes Bewußtsein vom Ganzen ist Teil dieses Ganzen, christologischer Teil des Ganzen aber gerade als Bewußtsein von ihm. So entsteht der Widerspruch, daß

1. das Bewußtsein das Ganze, dessen es sich bewußt ist, um genau so viel übersteigt, als es dessen Bewußtsein ist, also Bewußtsein, das zum bewußten Sein im Ganzen hinzukommt, und daß gleichzeitig
2. dieses Ganze um genau so viel mehr ist als sein Bewußtsein von ihm, als das Bewußtsein vom Ganzen selbst nur ein Teil des Ganzen ist.

Jener Teil des Ganzen, dem dieses Ganze samt seiner selbst in ihm bewußt werden will, ist mehr als das Ganze selbst und transzendiert es, ein *ens sui generis*, welches das Ganze zu einer Meta-Ganzheit ergänzt. Erstens leisten wir unseren Tribut an den Materialismus : Das Bewußtsein vom All könnte nicht Selbstbewußtsein sein, wenn es kein Teil des Universums wäre, das es begreifen will. Zweitens leisten wir dem Idealismus Tribut: Ein Bewußtsein vom All könnte kein Teil des Alls sein, wenn es nicht Selbstbewußtsein wäre und als solches nicht über sich stünde. Das All muß schon vollständig vorliegen, bevor ein Bewußtsein davon sich bildet. Es darf durch ein Bewußtsein von ihm nicht erst mitdefiniert werden, da sonst Bewußtsein sich stets voraussetzen würde und früher als es selbst wäre.

Nun haben wir in den „Principia mathematica“ (1912) von Russell gelernt, daß der Oberbegriff einer Klasse von Objekten stets außerhalb der Klasse steht : der Begriff gehört nicht zu dem, was er begreift. Die Klasse ist kein Element ihrer selbst, ohne sich selbst zu widersprechen. Daß der Begriff von anderem logischen Typ ist als die von ihm begriffenen Gegenstände, war ja die Auflösung jener sogenannten Russellschen Paradoxien, die zu Beginn des 20. Jahrhunderts Mathematik und Logik in eine ernste Grundlagenkrise zu stürzen drohten. Auf unser Problem angewendet, die Universalität der Begriffe vom Universum in einem selbstreflexiven Bewußtsein zu begreifen : Das 'transzendentale Ego der reinen Apperzeption', die intelligible *res cogitans* von Descartes bis Kant, die transzendentale Subjektivität bei Husserl, sind durch den Abgrund einer theo-logistischen Metastufe getrennt von der Natur (samt meiner eigenen empirisch-faktischen Existenz in ihr). Was jedes menschliche Individuum schon als Teil des Ganzen und als Ganzes seiner Teile darstellt, repräsentiert der Gottesbegriff in Bezug auf das Ganze aller denkbaren Ganzheiten. Damit formalisieren wir nur den „Sinn des Sinns", den *Volker Gerhardt* in seinem „Versuch über das Göttliche" (2014), einer Religionsphilosophie rationaler Theologie, über die Vereinbarkeit von (christlichem) Glauben und wissenschaftlichem Wissen ausgeführt hatte.

Verschwörungstheorien über Verschwörungstheorien?

Dieser „Essay" ist ein Versuch über die prinzipielle Möglichkeit, einmal probeweise per Gedankenexperiment die gängige kritische Theorie über Verschwörungstheorien, -mythen oder auch -ideologien selbst als denkbare *Verschwörungstheorie* (kurz: VT) darzustellen und aufklärerisch zu „entlarven".

Wie, wenn es nur Verschwörungstheorien zu deren Entlarvung gäbe, also Annahmen über Verabredungen von Personenkreisen, anderen Personenkreisen wissentlich und willentlich durch illegale oder illegitime Unterstellungen zu schaden? Ist VT also vielleicht das, was andere (Verschwörer?) nur für VT halten oder gehalten haben wollen? Soll eine überkomplexe Welt nur hand- und mundgerecht versimpelt werden?

Dass es so etwas wie VT gibt, setzt ja Verschwörer (V) voraus, die von Nichtverschwörern (NV) so genannt werden. VT setzt voraus, dass es auch Nicht-Verschwörungstheorien (NVT) gibt und die prinzipielle Chance, sie davon triftig zu unterscheiden, um seine begründbare Wahl treffen zu können. Als Muster einer NVT gilt heute etwas, das einst als Muster einer VT galt, und auch umgekehrt. Religion und Wissenschaft (Aufklärung) z. B. verdächtigen einander bis heute einer ebenso gefährlichen wie attraktiven VT, um einander zu untergraben und Normalverbraucher (gemeines Volk) für dumm zu verkaufen.

Als Mustermodell einer NVT bei Leuten, die weder an Wissenschaftler glauben noch an Himmelsgötter, gilt gemeinhin der „gesunde Menschenverstand", selbsternannter Volksrichter über Wahr und Falsch, Besser und Schlechter, Erhabenes und Banales.

Hier wird nicht behauptet, es gäbe überhaupt keine VT oder NVT. Betont wird nur die grundsätzliche Schwierigkeit und Problematik, sie endgültig voneinander abzuheben, ohne selbst als V oder VT jemals entlarvt werden zu können. Wie, wenn selbst die Naturwissenschaft, letzte moderne Richterin über Wahr und Falsch, als Summe von VT gedeutet würde, um alternative Theorien als VT gezielt zu entwerten – also als ein bloßer Interessenklüngel von Mehrheiten oder Minderheiten, um zu schaden? Aber selbst ein solcher Verdacht kann – von Natur- wie Geisteswissenschaftlern – wieder als VT zurückgewiesen werden.

Moderne Wissenschaftler als Verschwörer zur Entmachtung gleichberechtigter Welterklärungsmodelle? Auch der Anspruch der Naturwissenschaft selber, letzte Instanz zur Aufklärung über illegitime VT, ist schon als VT verdächtigt worden, nämlich als intellektuelles Instrument weltweiter Naturbeherrschung im Finanzinteresse mächtiger Industriekonzerne hinter allem, zur Unterjochung und Ausbeutung von Mutter Natur und von menschlicher Natur ihrer Menschenkinder. Physiker, Chemiker und Biologen als (Geistesknechte der) Naturschänder und Naturvergewaltiger?

Aber Naturnutzung wollen wir doch alle offen und nicht nur wenige insgeheim! Oder werden uns hier Sonderinteressen obskurer Ausbeuter-*Rackets* nur als "Gemeinwohl" verkauft? Wissenschaftlich gesicherte Wahrheit von Experten darf ja kein Ergebnis demokratischer Mehrheitsentscheidungen von Laien sein. VT ist gar keine Sache von Mehrheiten oder Minderheiten. Wissenschaftlern wie Ideologen geht es um "Komplexitätsreduktion" der Welt. Aber nur von "Wirrköpfen" entwirrte Welt?

Was als Verschwörung behandelt wird, kann Sache einer Konspiration selbsternannter Aufklärungsmonopolisten sein, aber auch solches Gerücht lässt sich wieder als Verfolgungswahn, also als eine mögliche VT abtun, immer mit Berufung auf „instrumentelle Vernunft“, die selbst wieder nur die Machtinteressen von Cliquen kaschieren könnte.

Meine Aufklärung über Gegenaufklärung, also über den bloßen schönen Schein von Aufklärung durch andere, kann wieder bloße Herrschaftsinteressen verschleiern wollen. Wie, wenn man sich des schönen Vernunftbegriffs nur bediente, um hässliche Machtinteressen dahinter im Dunkeln zu lassen?

Wenn es aber nur noch Paranoia gibt, dann gibt es gar keine mehr. Ist das Falsche nicht nur das Unwahre, sondern immer auch Resultat machtgieriger Verfälschung, die das einzig Wahre ist – die falsche Schlange im Verbraucherparadies, die ihr sinistres Spiel mit der Erkenntnis der Wahrheit treibt?

Wahrheit ist nur, was jeder dafür halten mag? Die philosophische Theorie des letztlich unwiderlegbaren „Solipsismus" geht diesen Holzweg, der letztlich nur aus pragmatischen Gründen verworfen werden kann, als inpraktikabel.

Auch so etwas wie Vernunft lässt sich ja mit rationalen Gründen durchaus in Frage stellen. Vernunftkritik, gar Selbstkritik der Vernunft (etwa die der „Kritischen Theorie" der „Frankfurter Schule"), gilt geisteswissenschaftlich als rationales Unterfangen, das zu vernünftigen Ergebnissen oder auch unvernünftigen Zielen führen kann. Wer kann unwiderleglich beweisen, ob Aufklärung über Aufklärung und Aufklärer klar oder obskur ist: Alles nur *Mythen der Entmythologisierung*?

Wenn dieser Essay zu etwas mehr Verwirrung der sich allzu sicheren Geister beitragen könnte, hätte er seinen aufklärerischen Zweck mehr als erfüllt. Er könnte als VT zur Aufklärung über VT als NVT oder über NVT als VT genutzt werden – aus bloßem Machtkalkül einer verdeckt agierenden Interessengruppe von sehr gleichgesinnten Hintermännern und Drahtziehern.

Ich gehe jetzt absichtlich auf einzelne heute beliebte VT gar nicht ein und lasse auch bekannte Aufklärer über bekannte Aufklärer beiseite, wie man kritisieren wird. Immer gibt es Gesellschaftsgruppen, die andere als böse Verschwörer und sich selbst als gute Aufklärer identifizieren und dingfest machen, an den Pranger stellen und vermeintliche Verfolgungswahnsinnige ihrerseits wahrhaft verfolgen. – Verschwörer, die einander als Verschwörer enttarnen?

VT setzt voraus, dass es NVT gibt, und beide zu unterscheiden durch Kriterien, die nicht selbst wieder VT sein dürfen. Geht es letztlich um die Pilatusfrage : Was ist Wahrheit? Gibt es Unwahrheit? Wer darf Wahrheit füglich beanspruchen mit praktischen Folgen? Gibt es eine bloße ungute "Verschwörung der Guten" gegen die Bösen? Menschen aßen vom "Baum der Erkenntnis des Guten und des Bösen", des Wahren und Falschen und ihrer begründbaren Unterscheidbarkeit, ob nun wahrhaft, wahnhaft oder wahrscheinlich gefälscht.

Ist Aufklärung und Wahrheit eine bloße Machtfrage gesellschaftlicher Interessengruppen, wie Michel *Foucault* mit Friedrich *Nietzsche* prinzipiell vermutete? Der Strukturalist sieht nur machtvolle Ideolog(i)en einander verdrängen in stetem Wettkampf.

Dieser Taumel des Denkens ist Philosophie, eine VT, um alle VT potent(iell) zu beenden oder doch wenigstens einzuschränken auf ein „vernünftiges Maß“. Wie jede Theorie Werk einer Verschwörerbande sein kann und jedes Dunkelmännerkomplott sich einseitig verabsolutierter rationaler Argumente ja massenpsychologisch virtuos zu bedienen weiß. Gemeinhin enthalten VT nämlich nicht zu wenig Sinn und Verstand, sondern eher zu viel. *Chesterton* schrieb, Irrenanstalten eines Landes seien voll von Leuten, die alles verloren hätten, nur nicht ihren klaren Verstand und ihre messerscharfe Logik (und ihr depressives „Gefühl der Gefühllosigkeit").

Dieser Essay hebt sich in gewissem Sinne selber auf, wird man sagen, und widerspricht sich durch seine Sprache. *Hegel* nannte dieses methodisch organisierte Verfahren „Dialektik", ein permanenter Irrtum und Irrsinn, um einmal zur Wahrheit zu kommen. Paranoia to end all paranoia? Kann man über Selbstwidersprüche nichts sagen, was nicht sich selber wieder widerspricht – Undsofortschritt?
Sigmund *Freud* übrigens deutete Kunst, Religion und Wissenschaft als sublimierte Hysterie, Zwangsneurose und Paranoia.

Der renommierte Staatsrechtslehrer *Carl Schmitt* hielt Politik für die Staatskunst, Freund und Feind in freier Entscheidung zu benennen. Souverän sei, wer den Ausnahmezustand ausrufen darf. Das verschaffte ihm viele linke und rechte Freunde und Feinde, bis heute. Liegt da der irrationale Kern jeder rational(isierend)en VT, die Kollektive gegen Konkurrenzkollektive abschottet und dann zusammenschweißt?

Gastbeiträge von Fritz H. Lotterfuchs

Was ist morgen *en vogue*?

„Ein Mädchen, kaum zwölf Moden alt“, schrieb Lichtenberg amüsiert in seine „Sudelbücher“. Der weltgrößte Aufklärer *Immanuel Kant* aus Königsberg klärte seufzend auf auch über dieses leidige Thema, und seine *praktische Vernunft* verkündete den *kategorischen Imperativ* : „Besser mit der Mode ein Narr sein als gegen sie!“ Er schickte sich in das, was im 18. Jahrhundert schicklich war, um seine Kraft für Wichtigeres aufzusparen, und trug seine unvermeidliche Rokokoperücke wie jeder.

Gegen die ewige Langeweile der modernen Welt erfand der Narziß in uns den ewigen Wechsel der Moden, doch der wird *in the long run* so langweilig, dass dagegen nicht einmal seine ewige Abschaffung hilft. Alle tragen stets dieselben Gefühle und Gedanken zur Schau, Bücher und Weltbilder, aber immer anderes Outfit plus Accessoires, immer neue Herzen, Brüste, Bein- und Kopfprothesen. Je mehr sich alles modisch ändert, desto mehr bleibt sich alles ewig gleich, und alles kann sich nur ewig selbsterhalten durch rasenden Wechsel auf der Stelle wie ein nimmermüde gepeitschter Brummkreisel.

Modemodelle : Relativ kurzlebige, sozial genormte Geschmäcker, Sitten und Gebräuche, Gruppenwerte und Usancen. Man versteckt sich hinter exhibitionistischen Rollenspielen, die Anerkennungen geben. X is in, Y is out, verordnet der gerade anerkannte Modezar als Trendsetter, bevor der obsolete Epigone seiner selbst entsorgt wird.

Besteht moderne Demokratie nur aus Modediktaten? Dass jeder *sich selber immer neu erfindet*, wird ihm allerdings bei Strafe aufgebrummt. Mode ist die Art und Weise, durch immer Gleiches immer anderes oder durch immer anderes immer dasselbe zu versprechen und zu verlangen, also den *alten Adam* (und die junge Eva) mit immer neuen Feigenblättern einzukleiden. Immer neumodisch sein zu sollen und zu wollen, unterliegt dabei keiner Mode. Vor allem aber ist es immer Mode, vergeblich gegen immer neue Moden zu sein.

Mode diktiert, was jeweils modern ist, und schon der achtzehnjährig genialisch frühvollendete Dichter Arthur Rimbaud, der kinderlose Vater der modernen Poesie, befand vor anderthalb Jahrhunderten, bevor er als ein erfolgloser Waffenhändler in Abessinien endete : „Man muss immer absolut modern sein!"

Moden vermodern immer schneller, weil die Mode-Industrie sich nur durch Massenproduktion für eine nennenswerte Anzahl von Kunden lohnt, bis die Lager weit genug leergekauft sind für einen nächsten PR-Modeschub. Diese Industrie, die den Takt der Moden und unseren Geschmack bestimmt, verspricht für nur begrenzte Saisons das Paradox einer *Exklusivität durch Massenproduktion*.

Mode heißt : *Man* ist nur *man selbst*. Alle gleich: Jeder anders (gewandet und nicht gewandelt). *Ewiggestrige* verkleiden sich da als *Leute von heute* und morgen. Und natürlich ist es auch nur Mode, wie man von ihr spricht und sie selber plappern lässt. Nie wird es Mode, über Mode(n) nie zu reden.

Die Mode modelt mich, ist aber selbst nie modern, sondern der älteste Hut der Welt, seit der Vertreibung vom paradiesischen Feigenblatt. Die Dauerselbstmodernisierungen der bösen Welt sind die bevorzugte Form, alles so unverbesserlich zu lassen, wie sie immer war. Auch die beinahe schon wieder makulierte und entsorgte weltanschauliche „Postmoderne" war ja keine moderne „Postmode". Das vergessen Archaische aus mausgrauer Vorzeit von Anno-Dunnemal wird immer wieder *letzter Schrei.*

Eine Mode ist eine Uniform, die vor allem Zugehörigkeit zu einem jeweils „maßgebenden" Kollektiv signalisiert, also befristete „Identität" gegen Konkurrenzkollektive verleiht. Durch Mode ist „man" identisch mit anderen gegen wieder andere, und dieser Identitätsnachweis muss wie auf Verabredung wechseln wie eine schnell veraltende Erkennungslosung. Sie ist für Zugang zu den In-Groups ein Password, das besser regelmäßig geändert wird, um

Betrüger und *falsche Leute* draußen zu halten, ehe sie uns mit vermasster Vulgarisierung bedrohen.

Die Mode-Industrie vergewissert sich immer neu der Willfährigkeit jedes einzelnen kaufkräftigen Konsumenten, das große Gesellschaftsspiel mitzuspielen, sich den Spielregeln freiwillig zu unterwerfen, fast jeden verordneten Schwenk begeistert oder widerwillig mitzumachen, um sich als zuverlässiges Herdentier auszuweisen und bestätigen zu lassen, das mit sozialen Gratifikationen rechnen darf. Die modernen Überwachungsstaaten treiben dabei nur zynisch offen, was die freie Welt nur etwas modisch kostümierter praktiziert. – Moden sind erfolgreiche Gruppenzugehörigkeitsrituale. Mir gefällt, was genügend vielen gefällt, um dafür eine Industrieproduktion ebenso preiswert wie profitabel zu machen.

Mode macht es möglich : ausreichend exquisit und konform zugleich zu sein. Individualität und Konformismus gehen für eine kurze Zeit konform. Das Herdentier fühlt sich als Original, der modernisierte *alte Adam* als Avantgarde auf der Höhe des jeweiligen Zeitgeistes. Auch was noch von vorgestern ist, fühlt sich in modischer Verkleidung wie schon von übermorgen. In Modediktaten verkleidet Zwang sich als Freiheit und Beliebigkeit als freies Belieben.

Man gibt dem nackten Kaiser, was des Kaisers ist, und zollt der Gesellschaft seinen fälligen Tribut, und sie gibt Schutz gegen Gehorsam; das ist ihre raison d´ètre. Modische Form verkleidet Konformismus als informelle Originalität. Das Kollektiv hüllt sich in Individualitätsmoden – gegen ein jedes Individuum.

Man trägt dies oder das, stofflich wie seelisch und kulturell, wenn *man* richtig liegen will. Man macht mit beim Nichtmitmachen bei Out-groups. Stoffliche wie psychische oder geistige Kleidermoden markieren soziale Distinktionen – und verschleiern nur den altehrwürdigen *Klassenkampf*.

Beispiel für neuzeitliches Fashion-Diktat : Die meisten Frauenmode-Kreationen stammen von Homo-He-men, deren Ideal der knabenhaft magere Frauenkörper ist ohne betont weibliche Rundungen. Die meisten He-teros hingegen würden vollschlankere Frauenbilder mit "bioweiblich" üppigeren Formen wohl vorziehen, doch aufgezwungen werden allen die Idole der schwulen Designer.

Wechseln Moden immer schneller, weil sie immer abschreckender werden, oder weil die modernisierende Industrie-Rentabilität den Wechseltakt angibt? Nie wechselt die Mode, die Beschleunigungsrate der bloßen Modewechsel zu beklagen, der ästhetischen wie der eher stofflichen.

Politische Modewechsel heißen „historische Augenblicke“ oder "Revolutionen". Geistige Modewechsel nennen sich *Paradigmenwandel* oder Kulturrevolutionen. Die Hype-Schlagworte wechseln mit ihnen. Mal geht es um *Transparenz*, mal um *Akzeptanzen*, mal um *Authentizität*, mal um *Nachhaltigkei-*

ten, mal um *Kreativität*, ein andermal um *Klimawandel* und *erneuerbare Energien* etc.

Man hofft, dass der alte Adam samt Eva sich mit jeder Mode mal ändert und „neu erfindet", wie die Sprachregelungsmode lautet. Aber der alte „innere Schweinehund" der Gesellschaftsstruktur überlebt alle modischen Drapierungen. Moden kommen und gehen, die Substanzlosigkeit bleibt. Die trügerisch schönen Verpackungen wechseln, der Inhalt bleibt so schäbig wie gehabt. Der Fortschritt ist nur ein Fortschritt bloßer Verkleidungsmoden, der Schöpfer hatte es dem ersten Menschenpaar schon auf ihre Feigenblätter geschrieben. Auch Nacktheit kleidet uns wie nackte Wahrheit. Die Vertreibung aus dem Paradies nackter Tatsachen heißt die immergrüne Mode des gottverfluchten Ackerns und vergesellschafteten Wirtschaftens, von Mode zu Mode.

Kurz : Moderne Demokratie ist die Diktatur eines Triumvirats aus Herkunftsfamilien, Naturanlagen und sozialen Moden. Könnte eine *Sozialrevolution* die permanenten *Kulturrevolutionen* bloßer Moden beenden, welche die Blößen doch nur fadenscheinig bedecken?

Is there a mode to end all modes? Bis dahin mit Kant : Lieber mit der Mode ein Narr als gegen sie!

Ist der Mensch aber ein Ebenbild, schleicht sich ein furchtbarer Verdacht heran : Betrachtet das blasierte Publikum das ganze Universum am Ende als eine einzige vorübergehende Modenschau des (himmlischen Mode-)Schöpfers, das Weltall nur als eine pompöse Modelaune bis zum nächsten *Big Bang*?

Die Naturgesetze : bloße Lifestyle-Moden der Mutter Natur? Der Mensch selbst : nicht mehr als eine Herbstmode von Mutter Erde? Das Sein nichts als eine Frühlingsmode des Nichts, das seinerseits eine Wintermode des Seins ... Nein, das kann nicht sein!

Die Ewigkeit kann keine Modesaison der Zeit sein, oder? Eine solche Logik müsste selbst ein Modegag des Chaos sein ... Gar nicht auszudenken!

Blütenträume und Lebensplanwirtschaft
Die Jung-Greise

Eine übermächtige gesellschaftliche Tendenz mit starker Sogwirkung ist zu beklagen. Früher begann das Leben so, dass man als noch junger Mensch davon träumte, ein Weltgenie, Astronaut, eine zweite Maria Callas oder ein zweiter Che Guevara zu werden, und man endete als mittlerer Beamter.

Das war die kleinbürgerliche Durchschnittsbiographie. Auch heute bekommt man am Ende seinen Posten, aber mit dem kleinen Unterschied, niemals im Ernst von etwas anderem geträumt zu haben, sondern von Anfang an zielstrebig nichts anderes geplant zu haben als eine solch sichere Sinekure.

In früherer Zeit träumte man unnachgiebig bunte Seifenblasen, und es kam dann alles ganz anders, als sie irgendwann platzten. Heute verbietet es sich die Jugend selbst, lange ins Blaue zu träumen, sondern träumt ex ovo von realistischer Lebensplanung, um nicht den Anschluss zu verlieren im kollektiven Rattenrennen um die Fleischtöpfe. Geradlinige Berufskarriere, Familiengründung, Haus im Grünen, Freundeskreise und Reisen, Kultur und Infotainment, alles in optimierter Reihenfolge, ohne noch viel links oder rechts abzuschweifen. Wo jeder frei zu allem ist, darf keiner etwas versäumen, um den ganzen aufgekratzten Stumpfsinn durchzuplanen. Was an Wünschenswertem gar keinen Platz im Erwerbsberuf findet, verkommt zum Hobby und Freizeitvergnügen. Nicht einmal mehr die privilegierte "akademische Freiheit" wird von erzjugendlichem Übermut unbekümmert erkundet. Man unterwirft sich den von Experten straff organisierten Studiengängen, die direkt in das grauenvoll phantasielose Lebensziel führen. So sind keine geistigen Abenteuer mehr möglich, sondern nur dressierte Arbeitskräfte, die ihre Gratifikationen genießen dürfen.

Anspruchsvollere Flausen treibt jeder sich selber aus. Die bevorzugten Lebenspläne werden heute gesellschaftlich vorfabriziert. Man wählt zwischen fix und fertigen Lebensmodellen, die gut prämiiert und ohne Reibungsverluste vorgesehen sind im sozialen Angebot. Die riskanteren Lebensträume sind schlecht dotiert und beleumundet und werden deshalb gar nicht mehr erst erträumt. Dichter, Komponist oder Maler z.B. ist man bestenfalls dilettantisch verschämt nach Feierabend. Brotlose Künste, die man blutig ernst nimmt, gelten inzwischen als schön dumm. "Rebellion" wird Popkulturindustrie, lässiges Sichsträuben, das dem kollektiven Druck aber immer rechtzeitig nachgibt. Vermodern moderne Kids? In entmutigender Mehrheit wollen sie von Anfang an freiwillig genau das werden, was in Hochindustrienationen erwartet, approbiert und auch honoriert wird.

Es war einmal, lang ist's her, da wollte man Welteroberer oder wenigstens Weltverbesserer werden und endete als armseliger Philister, der froh war, irgendwann und irgendwo unterzukriechen und in Nischen ein Machtzipfelchen zu erhaschen. Auch heute landet man beim halbwegs gutsituierten Philister mit richtigem ökopaxfeministischem Generationsbewusstsein, doch ohne dass man in holder Maienblüte je so naiv und dumm war, die Welt verbessern gewollt zu haben oder seinen fragilen intellektuellen Idiosynkrasien nun mutig zu folgen.

Ein durchschnittlicher Jugendlicher träumt von vornherein davon, nur realistische Träume zu hegen. Heute startet man das Leben mit dem Ideal, kein blauäugiger Idealist, sondern möglichst zügig mit allen Wassern gewaschener Realist zu sein, der die Abzugs-löcher gesellschaftlicher Machtverteilungen schon sehr genau kennt. Die Heiligen von heute kennen die Fahrpläne. "Lebenspläne" sind nun von vorn herein rationell ermäßigte Blütenträume. Man wird nicht mehr grausam desillusioniert, man war nie anders als hoffnungslos illusionslos, Männlein wie Weiblein. Frühvergreiste werden niemals jung.

Willy Schüttelspeer
„Kürze ist des Witzes Seele"

Der kleine Essay versucht nur, sich in den Kopf eines durchschnittlichen Bildungsbürgers von heute hineinzuversetzen, wenn er mal das Wort „Shakespeare" hören sollte :

„Sein oder Nichtsein. Seit 400 Jahren tot und quicklebendig auf den Bühnen der Welt : Englands bester Schriftsteller, der rangerste Dramatiker aller Zeiten und Zonen? Seine brandaktuelle Bedeutung wurde vor einiger Zeit in einer SPIEGEL- Titelgeschichte noch einmal betont. Aber springen wir

gleich zu Beginn ins kalte Wasser. Um es nur schon vorweg zu gestehen : Ich habe Shakespeare immer für leicht überschätzt gehalten. Nun ist es heraus, und warum fällt das so schwer? Habe ich mich damit als Kunst- und Kulturbanause geoutet, der nichts verstanden hat und dem das zu hoch ist?

Den Jugendlichen fesselten vor allem diese monströsen Gestalten von „Richard III." und „Timon von Athen" (der an Molières „Misanthropen" erinnerte): Tremendum et fascinosum. Heute kann ich Shakespeare auf Bühnen kaum noch ertragen. Eitle Regisseure halten sich dem Autor für überlegen und lassen eitle Schauspieler outriert schreien, herumzappeln und theatralisch gestikulieren, um laute Leidenschaften zu simulieren. Statt dass der Mime ruhig dasteht und ruhig ohne Grimassen einen Text rezitiert, der ja genug innere Dynamik und rhetorische Tragkraft besitzt, lebendig hin und her zwischen rüdem Rüpeljargon und aristokratischem Konversationsstil. Das moderne Regie- und Adaptionstheater vertraut nicht mehr auf Shakespeares natürliche Montaigne-Sprache und überwuchert sie mit modischen Mätzchen bis zur Unkenntlichkeit. Je weniger dieser Shakespeare-Darsteller sich bewegen würde, desto mehr würde sein Text mich bewegen. Warum also werden diese Dramen nicht als brillantes Salon-geplauder inszeniert, das man akustisch besser verstünde als das inzwischen übliche permanente Gefühlsgeschrei? Der Name des Autors wenigstens sollte auf Film- und Theaterplakaten im Großdruck weit oberhalb von Regisseur und Hauptdarstellern stehen. Und Transformationen in moderne Milieus und Idiome geraten meist albern und deplatziert.

Am ehesten amüsieren mich noch die Komödien mit ihren geistvollen Ping-Pong-Dialogen, aber die biographischen Schicksals- und Königstragödien des guten Plutarchkenners Shakespeare geben den hochmögenden Helden der realpolitischen Staatsaktionen immerhin Gelegenheit, zitierwürdige Bonmots effektvoll ins Publikum zu schleudern. Es sind altrömische Republiksaboteure wie Caesar oder typisch machiavellistische Renaissance-Ungeheuer nach dem Bilde der Florentiner Medici oder des Papstbastards Cesare Borgia. – Eine grauenvolle Welt voller Blutströme, Willkürgewalt, Verleumdung, Verblendung, Verrat und Hybris, Meuchelmorde, Schinder und Schlächter, Religionskriege und apokalyptischer Katastrophen : Der gottverlassen vollemanzipierte Mensch in seiner entfesselten Autonomie gewann in dem Top-Dramatiker Shakespeare seinen poetischen Chronisten. – Zuletzt schrieb er:

"Life´s but a walking shadow; a poor player,
That struts and frets his hour upon the stage,
And then is heard no more : it is a tale
Told by an idiot, full of sound and fury,
Signifying nothing."
("Macbeth", Act : 5, Scene : 5, 26 - 30)

Die Sprache umspannt zarteste Gesten wie krudeste Chocs, aber an holzschnitthaften Kolportageknallern und staatspolitischen Schauergeschichten scheinen Verfasser und Fans eine gewisse pubertäre Freude zu haben, die manchmal etwas befremden kann. Die *rosa Stücke* haben oft schwarze Falltüren, und die *schwarzen Stücke, sie* wirken unfreiwillig zuweilen leicht comic-komisch bis lächerlich. Verrät das nun mehr über den Kritiker als über den Autor?

Ich lese die Shakespeare-Stücke lieber still für mich, als sie film- oder bühneninszeniert zu sehen und zu hören. Und heute genügen mir sogar herausgelöste Shakespeare-Zitate. Ich lese nur noch die Sentenzen daraus, nicht mehr die Stücke. (Der „Schwan von Avon“ war gar kein Aphoristiker, aber **aphorismen.de** z. B. versammelt bequem rund tausend seiner pointiert prägnanten Zitate.)

Für *spielerische Identifikation* (Hermann Schmitz) der Konsumenten mit Shakespeares Rollenangeboten ist dessen bis zum Preziösen elaborierte Sprache dem heutigen Müll- und Stummeldeutsch oft schon zu fremd und überlegen. Seine fast mythisch archetypischen Identifizierungsangebote erlauben mir nicht mehr, zur Deckung zu bringen, wie ich mich von innen anfühle und von außen gesehen glaube und von anderen gesehen wünschte. Ich bin nicht Othello, Desdemona, King Lear, nicht Caesar, Titus, Macbeth, Caliban, Shylock und weder Romeo noch Julia noch Ophelia oder Rosenkranz. Dazu bin ich zu alt oder ist er zu lange tot. Am ewig zaudernden Intellektuellen „Hamlet“ interessiert mich Sigmund Freuds eigenwillige Deutung. Doch wer wissen will, wann und wie die heute so beliebte "Fantasy" mal in wirkliche Literatur übergeht, der sollte sich den "Sommernachtstraum" deuten. Und der "Othello" von heute endet etwa in "La Jalousie" von Alain Robbe-Grillet wie ein "King Lear" in Honoré de Balzacs "Vater Goriot".

Eines wird häufig übersehen oder leicht vergessen: Shakespeare war der beste Leser und der Vollender des ersten europäischen Moralisten Michel de Montaigne. Eigentlich hat er Montaignes sentenzenreiche „Essais“ von 1580 als „geschriebene Schauspielkunst“ (Karl Kraus) in federnde Bühnensprache übertragen. Der Renaissance-Humanismus hatte das christliche Mittelalter hinter sich gelassen. Vielen gefällt nun gerade die unchristliche Naturgewalt und heidnische Kraftnatur der Shakespearesprache. Aber wie konnte ein Mann von so geringer Schulbildung so bildungssatte Stücke schreiben?

Versteckte sich hinter dem reichgewordenen und geschäftstüchtigen Theatermanager Shakespeare der intrigante Viscount und Baron Francis Bacon, Baco of Verulam, der seine eleganten „Essays“ (1597) ins elisabethanische „Globe Theatre“ brachte? Ist das nun wissenschaftlich wirklich widerlegt?

Shakespeares Machtintrigenstücke wirken auf mich beinahe wie frühe Vorwegnahmen der „Memoiren“ des Kardinal de Retz unter Ludwig XIV., dort ganz heruntergebrochen ins realpolitisch Kleinliche.

Bleiben noch die rätselhaften 154 homoerotischen „Sonette“ von 1609 zwischen „fair boy“ und „dark lady“, zwischen pornographischen Krassheiten und feinsinnigster Petrarka-Parodie. (Versuchen Sie sich einmal an einer eigenen Übersetzung ins Deutsche!)

Reports verdoppeln ja nur geistig, was real ohnehin vorliegt. Eine realistische Literatur ist auch eigentlich ein Widerspruch in sich. Richtiger Shakespeare ist zum Glück nicht platt wie ein Bericht. Seine Helden und seine Mittel sind eher maßlos als mittelmäßig, sein virtuoser Übermut ist kein übergroßer Mut, sondern sprachverspielter „wit“ und gewitzter Geist. Rasanz durch Verdichtung und originelle Metaphern als Siebenmeilenstiefel der Phantasie, leichtfüßiger Esprit als Zauberstab, der in beliebige Fluchtwelten entführt. Heutige Literatur ist häufig nicht ver-rückt genug. Literatur hat über unser dummschlaues Alltagsgeschwätz hinauszugehen, ob nun per Blankvers oder Hexameter, Utopien oder kunstvolle "Unnatürlichkeiten". Kunst transzendiert fast wie Religion, nicht nur ins Jenseits, wenn auch nur im Imaginären. Und "gebundene Rede" ist eine fesselnde sprachliche Entfesselungskunst, der "gehobene Ton" überfliegt die Schwerfälligen und die Dickfelligen down to earth.

Shakespeare war einfach nur unverbildet unbefangen genug, alles Seriöse und die ernsthaften Leute wie ein "Sturm" durcheinanderzuwirbeln und mit allem sein lebenskluges Kinderspiel zu treiben.

Hamlet zweifelt und verzweifelt lieber an allem und allen, als den verordneten Optimismus der Welt zu teilen. Er spielt verrückt, um nicht wie jeder von uns nur zur Vernunft seiner Epoche zu kommen. Ewige Unentschiedenheit als Form der Freiheit wäre doch gar nicht die schlechteste Hamlet-Deutung."

Wozu Fortschritt?

Wozu ist die Moderne gut, der ganze Riesenaufwand an technischer Naturzähmung, an Fortschrittsfuror und liberaler Emanzipation, wenn sie keine Daseinserleichterung für ein kontemplatives Leben im stillen Winkel bringt, wo niemand mehr als ein Minimum an gesellschaftlich notwendiger Erwerbsarbeit leisten müsste und jeder sich in der vielen Freizeit einem ungestörten „geistigen Leben" hingeben könnte? Wer im stillen Kämmerlein mit einem Minimum an materiellen Bedürfnissen und Dienstleistungen sich keinen Wissenschaften und Künsten hingäbe, müsste weiter zwischen Not und Langeweile hin und her taumeln. Alles andere wäre viel zu sinnlos oder zu gefährlich. Pascal, der das Elend der Menschen beklagte, nicht ruhig in einem Zimmer sitzen zu können, trieb Mathematik, wenn er nicht gerade meditierte oder betete. Außerdem behandelte er als Naturwissenschaftler metaphysische Fragen auf aphoristische Weise als existenzielle Gedankenspiele wie etwa später der Physiker Lichtenberg, der Ingenieur Novalis und die Chemiker Canetti und Chargaff. War er ein Frömmler oder fortschrittlicher als sein konservativer Kritiker Paul Valéry viel später?

Von Mönchen, Memmen und alten Menschen

„Wir bringen unsere Jahre zu wie ein Geschwätz."
(Psalm 90, 9)

Als Schlimmstes gleich nach Tod und Folter, nach Hunger und Durst, gilt die spätere Verkalkung, das biblische Hochalter mit Stillstand, Greisenstarrsinn und Rückzug. Das „Defizitmodell des Alters" besagt: Man wird dümmer, düsterer, unbeweglicher, knauseriger, hartherziger, gangunsicher, inkontinent, impotenter, verknöcherter, „dem Grabe zu gebeugt", „wie tot und der Welt entrückt". Cicero sieht in seiner Schrift über Cato den Greis dagegen ruhiger, gelassener, besonnener und nun vom materiellen ins spirituelle Leben potenziell fortgeschritten.

Die allgemeine Verachtung gilt neben dem Greis auch einem Feigling. Der eine ist notgedrungen ein Eskapist und der andere ohne Not? Warum gibt es eigentlich keine literarische Ehrenrettung für den Angsthasen, ja, ein (wenn auch ironisches) Panegyrikon auf den Hasenfuß, den Duckmäuser, der sich bei jeder Gelegenheit in die Büsche schlägt und *verdünnisiert*. Jeder geht dem aus dem Wege, der allen und allem zu gern aus dem Wege geht.

Niemand wagt es, Verständnis für ihn zu haben und sein Loblied zu singen wie Erasmus auf die Torheit in seinem hinreißenden „Enkomion moriae“ (1509). Heidegger hat die Angst philosophisch aufgewertet, aber nicht die Ängstlichen, Mutlosen, Verkrochenen und notorischen Drückeberger. Ganz im Gegenteil.

Wer wagt es, sie endlich anzuerkennen und wertzuschätzen? Greise und Hosenscheißer sind tabu wie die geisteskranken Depressiven, auch die spinnerten Sonderlinge, weltfremden Originale, verstiegenen *Nerds*, die überspanntesten Sektierer, verschrobenen Pedanten und auch komischen Heiligen. Versager mit gesellschaftlich recht unnützen Spezialtalenten kommen in der sozialen Rangfolge gleich nach den Verbrechern. Warum eigentlich? Oder sind hemdsärmelige Optimisten zu phantasielos, um begründete Ängste zu haben? Als pulverscheue Weicheier und als kneifende Jämmerlinge gelten heute auch asketische Mönche, Eremiten und Refusen, Wüstenväter und Waldbrüder, ja, schon stille Gelehrte in ihren Denkerklausen. Immerhin hat man nun die Vorzüge ihres „lifestyle of voluntary simplicity“ (LOVOS) erkannt, um ihn nur in den Dienst einer rentableren *work-life-balance* zu stellen, ohne aber gleich die disziplinierten Mühen eines geistigen oder eines geistlichen Lebens auf sich nehmen zu wollen.

Das einfache Leben in freier Natur mag 1939 ein konservativer Ernst Wiechert besungen haben gegen konkurrenzkapitalistische Statussymbole eines *modern way of life*, aber der Ökologismus alternativer Nachhaltigkeit ist seine zeitgenössischere Spielart.

Strikte Konsumeinschränkung auf das Notwendige, Ressourcenschonung, Abfallvermeidung und Recyclingwirtschaft, Energieeinsparung, die Reduzierung des eigenen grünen Fußabdrucks und eine radikale Reduktion der *gesellschaftlich notwendigen* Erwerbsarbeitszeit – alles das wäre ja gratis in den Erfordernissen eines allgemeinen *geistigen Lebens* in Künsten und Wissenschaften mühelos mit impliziert. Nietzsches *Zarathustra* wollte die spirituelle Leere nicht länger durch einen materialistischen Nihilismus kompensieren. Heutzutage werden Alte immer dynamischer, aktiver, sportlicher, kregler, fitter und aufgekratzter – aber nur für den Tod, nicht für ein Leben in Lesen und Denken.

Das Leben nimmt uns einen Tag nur, um uns einen zu geben – bis es uns eines Tages alle Tage nimmt.

Heute werden uns die Sünden nicht mehr vergeben, sondern ausgeredet.

Gestrandet im Meer
Meerschweinchen am Meerbusen?

„Wir haben das Meer gepflügt."
(Antike Redewendung für sinnloses Bemühen)

„Nieder mit den Alpen : Freie Sicht aufs Mittelmeer!" *(Sponti-Spruch der 68-er)*

"Im Becher ertrinken mehr als im Meer."
(deutsches Sprichwort)

Meeresfahrten haben weit voneinander entfernt lebende Menschen weltgeschichtlich vielleicht besser und häufiger zusammengebracht als Reisen zu Lande. Die frühesten und erfolgreichsten Weltreisenden waren kühne und gierige Schiffer, nicht neugierige Wagenfahrer, Reiter oder Wanderer : Polynesier, Phönizier, Wikinger … Die Pyramiden der alten Mayas und die Pyramiden der alten Ägypter sehen sich verblüffend ähnlich über Tausende Kilometer Abstand voneinander : Die Ideen dazu müssen sehr früh übers Meer gekommen sein. Das Mittelmeer gilt als Wiege der europäischen Kultur, weil die Schifffahrt darauf alle Küstenkulturen austauschte mit Waren und Ideen. Das „offene Meer" verspricht Befreiung von den Grenzen und Zwängen an Land. *Britain ruled the sea*, also sein Commonwealth.

Salzhaltige Meere bedecken rund 70 % der Erdoberfläche, bis zu 11 km tief, ihre Flora gibt 70 % unseres Luftsauerstoffs frei. Die Meere sind keine abgeschlossenen Binnengewässer : Das Meer ist die See, und *die* See ist nicht *der* See. Meere sind zusammenhängende Wassermassen, von zusammenhängenden Landmassen (Kontinenten) umgeben. Die fünf Ozeane heißen Weltmeere. Das zur trockenen Seite dieser feuchten Sache.

Das tiefe Meer fordert Klischees heraus. Stets ist es für das Gemüt abgrundtief und unendlich und unermesslich weit bis zum Horizont und darüber hinaus. Aber es hat für Deutsche nie die tiefe Bedeutung des tiefen Waldes erreicht, obwohl man in beidem leicht verloren gehen kann. Beide rauschen geheimnisvoll, doch im Wald kann man sich besser verstecken als im Meer. Es ist von gefährlicher und gefährlich lockender Geheimnistiefe : *tremendum et fascinosum*, etwas mehr als ein gezähmtes Glas Trink- und Süßwasser. Ist der Meeresgrund ein fester Meeresboden, und ist Meeresstille eher in der Meerestiefe als am Meeresstrand, voll von Halbnudisten?

Die Phantasie bevölkerte es mit erlösungssehnsüchtigen Meerjungfrauen, Undinen, Nixen, Nereiden. Ungestalte Meeresungeheuer sollen Seefahrer von alters her mit Schrecken erfüllt haben, und Kapitän Ahab jagte den Weißen Wal seines Unbewussten in Melvilles „Moby Dick“ durch die Meere. "Der alte Mann und das Meer" von Hemingway behandelte ein ähnliches Thema.

Homers Odysseus hatte das Leben auf dem Meer gesucht und den Tod auf Heimatboden gefunden.

Und die Meeresforscher entdecken immer neue exotischere Evolutionsvarianten von Fischen in den Ozeantiefen ohne Licht und Luft. Das Meer unter uns ist noch immer mehr *Terra incognita* als der Himmel über uns. Und wir sind späte Erben der ersten Meerestiere, die einst als Säugetiere an Land krochen. Industrien fischen die Meere leer und füllen sie dafür mit Plastikmüll und Abwassergiften.

Meerwasser hat keine Balken, auch nicht im Auge des Betrachters. Man fühlt sich von ihm getragen oder in die Tiefe gezogen, je nach Schicksal oder Geschicklichkeit. Wasser gibt geschmeidig nach und ist doch von mineralischer Härte, weil nicht kompressibel : ein in unserer Phantasie magischer Stoff, wie Sartre in seiner „existenziellen Psychoanalyse der Dinge“ fand (siehe : „Das Sein und das Nichts“, Paris 1943). Besteht das Meer aus seinen Wassertropfen und sein Rauschen aus unzähligen, unhörbar einzelnen Wellengeräuschen, wie der „singularistische“ Monadologe Leibniz dachte?

Meergötter wie der römische Neptun und der griechische Poseidon regieren seine stürmischen Untiefen, von Erdbeben-Tsunamis durchwogt. Meeresbrandung löscht nicht jeden Brand (und Durst) auf Schiffen. Sintfluten haben ganze Küstenkulturen auf Nimmerwiedersehen überschwemmt. Meeresspiegel steigen und fallen im Takt der Eiszeiten und der

Klimasünden. Das Meer verschlingt Lebende und speit Leichen an Land. Bergbewohner und Meeresanwohner besuchen einander auf neugierigen Urlaubsreisen. Alle Flüsse münden ins Meer (auch Redeflüsse ins Tintenmeer der Schriften). Und wer gegen den Strom schwimmt, erreicht nie das Meer.

Unsere reichen Gesellschaften hatten die Armen erst erzeugt, die sich jetzt übers Meer zu uns flüchten – wenn sie nicht vorher darin ertrinken. Im Meerwasser kann man eher ertrinken als es trinken.

Das sind nur einige Assoziationen zum „Meer", und jeder kann neue dazu finden. In metaphorischem Sinn gibt es Menschenmeer, Häusermeer, Flaggenmeer, Tränenmeer, *mare nostrum lacrimarum …*

Nach *Thales* von Milet, dem offiziell ersten Philosophen, kommt alles aus dem Wasser und geht alles ins Wasser zurück. Wasser ist Symbol weiblicher Fruchtbarkeit von alters her, seine Quintessenz ist das Fruchtwasser. Aphrodite steigt schaumgeboren aus dem Meer. Nymphen, Najaden, Nereiden, Nixen und Undinen sind erotische Wasserwesen. Wasserbad dient der rituellen Reinigung und erfleht den Fruchtbarkeitssegen. Der Mann taucht ganz ein zur Wiedergeburt in urmütterliche Jungbrunnen.

Thales kannte den Sinn des Geldes als universales Tauschobjekt und Äquivalenzprinzip aller Dinge. Geld lässt sich in jede Ware verwandeln und aus den Dingen ins Geld zurückverwandeln und bleibt doch immer das gleiche wie das Wasser des ägäischen Meeres vor seiner Tür in allen Zustandsänderungen bei Verdunstung, Niederschlag und Vereisung. Der Port von Milet : ein weibliches Portal; die Schiffsbäuche trugen ihre Ladungen wie Kinder, und die Schiffe selbst als Kinder verließen nur den sicheren Port, um wieder zu ihm zurückzukehren.

C. G. Jung hat hingewiesen auf die etymologische Assoziativkette : *Meer* (Sumpf, stehendes Gewässer) – französisch : *mère* (Mutter) – *Maar* – Nacht-*mahr* (Vampir, weiblicher Unhold) – *mors* (lateinisch : Tod) – *moira* (griechisch : Schicksalsgöttin). Die urethrale Nebenbedeutung des Wassers klingt an, das gelassen und abgeschlagen wird als Urinstrahl, der das Liebesfeuer löscht und das weibliche Meeresbecken füllt … Das nur in aller Kürze zur vertrackten Psychologie des Meeres.

Atlantis soll eine mit Hochkultur im Meer untergegangene Inselstadt gewesen sein, aber in welchem Meer? Die atlantische Meerenge von Gibraltar "hinter den Säulen des Herakles", wie Platon formuliert? Atlantis wird unter Wasser gesucht bis heute: Meerumschlungen, vom Meer verschlungen in einer ein-zigen Nacht. Platon betont im Dialog "Kritias" nicht umsonst mehrmals, dass Atlantis keine Legende sei. Die Götter sollen die Atlantis-Hybris mit Untergang bestraft haben, als die Nomaden sich noch gegen die sesshaften Stadt- und Agrarkulturen wehrten, weltweit bis vor etwa zehn Jahrtausenden, heißt es.

Aber lag Atlantis vielleicht eher in der Nordsee statt im Atlantik? Die „Edda“ mit dem katastrophalen „Ragnarök“ kommt erst spät, aus dem 13. Jahrhundert, Quellenzeit unbekannt. Oder ganz anderswo? Die biblische Meeresflut soll um 2500 v. Chr. gewesen sein, im Mittelmeer von Vulkaninseln aus?

Forscher haben Atlantis bisher überall vergeblich gesucht, in Troja und Hellike, im persischen Ekbatana, im Schwarzmeer und auf der Vulkaninsel Santorin. Platon hatte aus Ägypten etwas läuten gehört und wohl nicht mehr kapiert. Sah er da nur den Sieg eines idealen Ur-Athens über wilde Seemächte?

Oder hatte dies Atlantis etwa die himmelschreiende Weltmeisterschaft in Sklavenwirtschaft gewonnen, so dass sein Untergang als Gottesgericht allgemein begrüßt wurde, in Europa wie in Afrika? Die Atlanter waren vermutlich "Riesen", die Menschenopfer eintrieben mit Sklavenpeitschen. Die Seenomaden müssen Freibeuter gewesen sein oder Piraten im Dienste mächtigerer Herren. Auch die dichterische Freiheit sollte an der historischen Realität hinter Platons mythischem Atlantis interessiert sein.

Die Nordsee oder das Mittelmeer waren wohl zu klein für diese gewalt(tät)ige Hochkultur, und der außerirdische Weltraum zu groß. Wie wäre es nun mit dem "Pazifik", dem "Stillen Ozean", dem doch stürmischen Eldorado der Piraten : ein friedlicher Euphemismus für permanente Kriege und Heere von kriegsgefangenen Arbeitssklaven? – Der Westen überrundete den Orient auf dem Seeweg.

Dort im Pazifik hat noch kein Archäologe jemals gesucht. Es ist wohl zu tief.

War der Untergang der gottverfluchten Hochkultur Atlantis im Meer ebenso gerecht wie der (laut Th. Adorno) gerechteste aller bisherigen Kriege : der Spartacus-Aufstand der römischen Sklaven gegen das furchtbare tausendjährige Imperium Romanum, das dann erst vom christlichen Rom wirklich besiegt wurde, aus arm(selig)en Katakomben heraus, bevor dieses Himmelreich selbst nur ein Weltreich wurde?

Ist das nun realistische Phantasie,
wie Ernst Bloch sie so oft vermisste?

Der „metaphorologische“ Philosoph *Hans Blumenberg* begann seinen klugen Essayband "Die Sorge geht über den Fluss" (Frankfurt / Main 1978) mit "Seenöten" und einer "Meeresbeschimpfung" : Sehr empfehlenswert. Es gebe „absolute Metaphern“, die sich in abstrakte Begriffe niemals ganz übersetzen lassen, aber das philosophische Denken hinterrücks stark bestimmen.

Sekundärliteratur zum Aphorismus

Gerhard Neumann (Hg.): „Der Aphorismus. Zur Geschichte, zu den Formen und Möglichkeiten einer literarischen Gattung", Darmstadt 1976

„Ideenparadiese. Untersuchungen zur Aphoristik von Lichtenberg, Novalis, Friedrich Schlegel und Goethe", München 1976

Peter Krupka: „Der polnische Aphorismus", München 1976

Hans Peter Balmer: „Philosophie der menschlichen Dinge. Die europäische Moralistik", Bern 1981

Harald Fricke: „Aphorismus", Stuttgart 1984

Gisela Febel: „Aphoristik in Deutschland und Frankreich", Frankfurt/Main 1985

Klaus von Welser: "Die Sprache des Aphorismus", Frankfurt/M. 1986

Heinz Krüger: „Über den Aphorismus als philosophische Form", Frankfurt/M. 1988

Werner Helmich: „Der moderne französische Aphorismus", Tübingen 1991

Stefan Fedler: „Der Aphorismus. Begriffsspiel zwischen Philosophie und Poesie", Stuttgart 1992

Paul Geyer / Roland Hagenbüchle: „Das Paradox", Tübingen 1992, Würzburg 2002[2]

Thomas Stölzel: „Rohe und polierte Gedanken. Studien zur Wirkungsweise aphoristischer Texte", Freiburg 1998

Lada Lubimova: „Struktur und Funktion des Aphorismus : eine textlinguistische Studie", Bremen 1998

Robert Zimmer: „Die europäischen Moralisten", Hamburg 1999

Michael Esders: „Begriffs-Gesten. Philosophie als Kurze Prosa von Friedrich Schlegel bis Adorno", Frankfurt/Main 2000

Rüdiger Zymner: „Aphorismus", In: Kleine literarische Formen in Einzeldarstellungen, Stuttgart 2002

Friedemann Spicker: „Kurze Geschichte des deutschen Aphorismus", Tübingen 2007

„Die Welt ist voller Sprüche. Große Aphoristiker im Porträt", Bochum 2010

Andreas Egert: „Der Fall Aphorismus. Zur Genese und Aktualität einer Gattung", Dresden 2015

INHALT